Müller-Mall | Freiheit und Kalkül

[Was bedeutet das alles?]

Sabine Müller-Mall

Freiheit und Kalkül

Die Politik der Algorithmen

Reclam

Die diesem Essay zugrunde liegende Forschung wurde großzügig von der VolkswagenStiftung gefördert.

RECLAMS UNIVERSAL-BIBLIOTHEK Nr. 14043
2020 Philipp Reclam jun. Verlag GmbH,
Siemensstraße 32, 71254 Ditzingen
Gestaltung: Cornelia Feyll, Friedrich Forssman
Druck und Bindung: Kösel GmbH & Co. KG,
Am Buchweg 1, 87452 Altusried-Krugzell
Printed in Germany 2020

ISBN 978-3-15-014043-7

Auch als E-Book erhältlich

www.reclam.de

Inhalt

Einleitung 7
Das Politische der Algorithmen 17
Was heißt es, Algorithmen politisch zu denken? 17
Einige Anlässe, Algorithmen politisch zu verstehen 18
Algorithmen beeinflussen politisches Denken und Handeln 26
Normativität der Normalisierung 26
Autonomie und Freiheit 29
Ubiquität und Herrschaft 33
Entpolitisierung 38
Politik der Algorithmen 42
Prognose und Urteil: eine andere Idee von Freiheit 45
Der Blick in die Zukunft 46
Gesetzmäßigkeit und Gesetz 49
Politische Willensbildung 53
Kalkül und Diskurs: eine andere Mündigkeit 56
Die Überzeugungskraft des Kalküls 57
Die Berechnung der Sprache 59
Die Herausbildung neuer Öffentlichkeiten 61
Form, Verfahren und Demokratie: eine andere Verfassung 65
Formalisierung und Deformalisierung 65
Das Verhältnis von Politik und Recht: Verfassung 68
Zukunft und Demokratie 70
Ausblick 72

Anmerkungen 78
Zur Autorin 80

Einleitung

Werden digitale Gesellschaften, digitale Revolutionen oder gar ein neues Zeitalter der Digitalisierung ausgerufen, geht es nur am Rande darum, dass sich Gesellschaft, Welt oder Geschichte binär kodieren, also in den Zahlenwerten 0 und 1 vollständig beschreiben ließen. Der binäre Code, die allem zugrunde liegende Sprache der Computer, steht weniger im Vordergrund als ein anderer Aspekt: Digitale Techniken machen soziales Leben nicht nur effizienter, schneller oder bequemer, sondern verändern es auf eine Weise grundlegend, dass die Art und das Ausmaß der Veränderungen bislang kaum fassbar sind. Digitalisierung wird entsprechend mit ähnlichen Revolutionen wie der Entwicklung der Schrift, des Buchdrucks oder der Elektrizität verglichen. Digitale Techniken greifen zweifellos ähnlich weit aus wie die genannten Medientechniken. Digitalisierung bestimmt, wie wir kommunizieren, handeln, produzieren und konsumieren, wie wir lesen, hören und sehen, kurz: wie wir wahrnehmen. Doch Digitalisierung greift noch tiefer ein und weiter aus, indem sie uns Alternativen zu unserem Denken anbietet, auch in Bezug darauf, wie wir uns als Menschen fühlen, allein und in Gesellschaft.

Doch sollten wir digitale Techniken nicht allein aus der Perspektive ihrer Technizität, als eine neue Form von Technik unter vielen anderen Techniken verstehen, denn sie verändern nicht nur uns Menschen, sondern auch alle übrigen Techniken, die wir kennen – von Fortbewegungs- über Kommunikations-, von Fertigungs- über Erkenntnistechniken bis hin zu sozialen Techniken. Es reicht ebenso wenig aus, sich der Digitalisierung nur aus dem Blickwinkel der Digitalität zu nähern, bildet doch die bloße Möglichkeit der Repräsentation – oder anders: der Verdoppelung[1] – der Welt, von einzelnen Beziehungsverhältnissen oder Informationen in einer binären Codierung (bestehend aus 0 und 1) nicht den Kern dessen, was der Begriff der Digitalisierung beschreibt.

Schließlich war diese Möglichkeit bekannt und vielfältig im Einsatz, bevor ›Digitalisierung‹ als Begriff aufkam: Gottfried Wilhelm Leibniz entwickelte im 17. Jahrhundert nicht nur das binäre Zahlensystem, das heute noch Grundlage beinahe jeder digitalen Darstellung ist, sondern entwarf auch eine erste Rechenmaschine, die im Binärsystem rechnete. Auch wenn diese Rechenmaschine nie zum Einsatz kam, stellt sie ein erstes Modell jener Maschinen dar, die heute nicht nur enorme Rechenleistungen vollbringen, sondern vor allem auch Programme ausführen können. Diese Maschinen unternehmen das, indem sie elektrische oder magnetische Signale oder quantenmechanische Zustände in eine binäre Codierung übersetzen, die wiederum in diverse Formalsprachen (Programmiersprachen), den Code, transportiert wird. Wir nennen solche Apparate schon seit geraumer Zeit Computer. Dieser Ausdruck wurde bis zur Mitte des 20. Jahrhunderts als Bezeichnung für jene Statistik-Arbeiterinnen (vorwiegend Frauen) verwendet, die demografische oder militärische Daten manuell in Lochkartensysteme einspeicherten und zwischen diesen formalisierten Systemen und menschlichen Sprachen hin- und zurückübersetzten.

Was macht aber nun (auf der technischen Seite) den Kern der Digitalisierung aus? Computer bilden hier sicherlich ein zentrales Element oder genauer gesagt: die Computerisierung. Es geht also um den fortschreitenden Ausbau jener maschinellen Architekturen, die als Computer arbeiten können, in nahezu allen Bereichen des Alltags, der Industrie, der Dienstleistungen, der medizinischen Versorgung, der Verwaltung und der Justiz. Doch war diese Computerisierung bereits erheblich fortgeschritten, als nach der Jahrtausendwende der Begriff der Digitalisierung zur Beschreibung jener Entwicklungen immer wichtiger wurde. Neue technische Entwicklungen haben die Computerisierung gleichermaßen erweitert und kanalisiert.

Einen entscheidenden, ausgreifenden und verschärfenden Schritt auf dem Weg zu einer durchdigitalisierten Welt bildet die Mobilisierung der Computer. Die Geräte, die als Computer dienen, wurden kleiner, leichter und leistungsfähiger, bis wir sie in Hosen- und Handtaschen, am Handgelenk gleich einer Armbanduhr, als Brille oder als Implantat unter der Haut immer mit uns führen konnten. Zur (physischen) Mobilität der Geräte tritt außerdem eine informationstechnische Mobilmachung hinzu: die Vernetzung. Daten können nun beinahe beliebig über Computernetzwerke geschickt und miteinander verbunden werden; sie können reisen, miteinander kommunizieren, neu zusammengefügt und verschieden interpretiert werden.

Diese doppelte Mobilisierung der Computer verankert die ursprünglichen Rechenmaschinen als nahezu unentbehrliche Elemente in der sozialen Welt. War ein Computer zunächst ein spezifischer Gegenstand mit begrenzten Einsatzmöglichkeiten, zu Hause oder im Büro an einem festen Ort stationiert, der immer erst aufgesucht werden musste, wenn man ihn benötigte, gewinnt mit der

Mobilisierung nicht nur das Gerät Bewegungsfreiheit, sondern auch die Möglichkeiten, es zu nutzen, weiten sich aus. Computer werden unspezifisch und gerade dadurch ubiquitär einsatzfähig. Und dieser Begriff ist wichtig: Unter ›ubiquitär‹ verstehe ich – entsprechend der Grundbedeutung des Begriffes in der Theologie für den überall anwesenden Gott – eine Existenzweise, die so umfassend alles durchwirkt, dass sie gar nicht mehr besonders auffällt. Computer sind nun überall. Indem sich mobilisierte Computer, die also beweglich und vernetzt sind, in allen gesellschaftlichen Bereichen unverzichtbar machen, werden sie konstitutiv für das Soziale überhaupt.

Neben der Computerisierung und Mobilisierung charakterisiert den Weg zur digitalen Welt ein weiterer Prozess, der gleichermaßen sowohl markant als auch diffus ist: Es geht um die ›Algorithmisierung‹. Auch hier handelt es sich um einen etwas sperrigen Begriff, der zunächst die Eigenlogik von Computerprogrammen beschreibt, schließlich aber ausgreift und bezeichnet, wie jene mobilisierten Computer konstitutiv für das Soziale werden.

Doch langsam und Schritt für Schritt: Algorithmen beschreiben in einem ganz allgemeinen Sinne eindeutig festgelegte Schrittfolgen, um ein Problem zu lösen oder zu einer Entscheidung zu gelangen. Dabei muss es sich nicht notwendig um streng formalisierte oder mathematische Anweisungen handeln – auch Kochrezepte und Bauanleitungen für Lego-Spielzeug oder Ikea-Möbel sind algorithmisch strukturiert. Algorithmen als Anweisungsfolgen selbst sind also nichts Neues, sie waren bereits vor ihrer Erschließung für die Programmierung von Computern nicht selten und nicht nur vereinzelt, sondern in allen Bereichen der sozialen Welt zu finden. Schon um 1840 – vorgedacht von einer Frau: Ada Lovelace (1815–1852) – bestimmten Algorithmen die Struktur erdachter Computerprogramme, lange bevor es Computer gab. Lovelace hatte das erste Computerprogramm überhaupt geschrieben – viele verstehen sie wegen ihrer Arbeit an der *Analytical Engine* von Charles Babbage (1791–1871) als erste Programmiererin. Wie kommt es nun dazu, dass wir erst gegenwärtig und nicht schon in Bezug auf das 19. Jahrhundert von einer Algorithmisierung der sozialen Welt sprechen (können)?

Zunächst sind Algorithmen, die digital kodiert und etwa für Suchmaschinen oder, allgemeiner gefasst, für Techniken künstlicher Intelligenz eingesetzt werden, sowohl spezifischer als auch komplexer als andere Algorithmen. Sie sind streng formal verfasst und greifen auf Code zurück, sind also in Programmiersprachen geschrieben, die ihrerseits zwischen der binären Codierung der Rechner und menschlichen Sprachen vermitteln.

Doch neben der Spezifität und der Komplexität wird ein anderes Moment wichtig: Algorithmisierung bezeichnet keinen linearen Prozess, der zu einem bestimmten Zeitpunkt begonnen hat und seitdem weiter fortschreitet, sondern eine allmähliche, schleichende Veränderung der Bedeutung von Algorithmen für die soziale Welt. Im Falle der Algorithmen verdichten sich verschiedene Entwicklungen mit bemerkenswerter Gleichzeitigkeit. Algorithmen lassen sich immer komplexer bauen, da die Rechnerkapazität sowie die Geschwindigkeit der Datenverarbeitung zunehmen und die Möglichkeiten der Vernetzung immer umfassender werden. Techniken maschinellen Lernens differenzieren sich aus. Das heißt, Algorithmen sind mittlerweile häufig in der Lage zu lernen – sie können ihre Fähigkeit, Probleme zu lösen oder Entscheidungen zu treffen, in einem bestimmten Sinne verbessern. Je mehr Daten solche lernenden Algorithmen zur Verfügung gestellt bekommen, je häufiger sie Datensätze durchlaufen und trainieren, desto schneller und genauer können sie Daten in einen Zusammenhang bringen.

Vor allem (jedoch nicht nur) wegen dieser Fähigkeit, eigenständig zu lernen, wurde der Begriff ›Algorithmen‹ zentral, um die Form vielfältiger Techniken künstlicher Intelligenz zu beschreiben. Gleichzeitig wurde der Begriff damit zu einer Chiffre für Techniken künstlicher Intelligenz in einem sehr weiten Sinne, obwohl dieser Begriff sie nur teilweise beschreibt: Die neuen Techniken greifen zwar immer auf algorithmische Strukturen zurück, sind als Algorithmen aber nicht vollständig erfasst. Trotz dieser Einschränkung verwende ich den Begriff der Algorithmen der Verständlichkeit halber in diesem übergreifenden Sinne, nämlich als Chiffre für Techniken künstlicher Intelligenz.

Computerisierung, Mobilisierung und Algorithmisierung verstärken sich als Entwicklungen wechselseitig. Sie beschleunigen die Entwicklung der jeweils anderen Stränge und bündeln Kapazitäten. Der Begriff der Digitalisierung, so die hier unterlegte These, beschreibt diese sich selbst verstärkende und in alle Bereiche der sozialen Welt ausgreifende Bündelung von Computerisierung, Mobilisierung und Algorithmisierung.

Im Folgenden wird es darum gehen, jene Spur zu verfolgen, die die Entwicklungen mit dem Eintritt in die soziale Welt hinterlassen, und zwar dort, wo das Soziale sich formiert und ordnet, wo es Verbindlichkeiten herstellt und

Handlungsräume strukturiert, wo es sich also an die Zukunft richtet, kurz: wo das Soziale politisch wird.

Anlass und Motiv für diese Überlegungen bildet einerseits die Annahme, dass Digitalisierung genau an diesen Orten eine besondere, eine politische Relevanz entfaltet. Diese Relevanz zeigt sich nicht nur darin, dass die technische Entwicklung zum Gegenstand von Politik wird, sondern vor allem darin, dass Digitalisierung selbst sich als politischer Prozess verstehen lässt. In den gegenwärtigen Debatten um und gesellschaftlichen Auseinandersetzungen mit Techniken künstlicher Intelligenz ist außerdem zu beobachten, dass ethische, haftungsrechtliche und ökonomische Fragen zwar durchaus behandelt werden, die politische Dimension dieser Techniken aber kaum Beachtung findet.

Der hier zugrunde gelegte Begriff des Politischen wird dabei weit gefasst: Er setzt weder den Staat voraus noch ist er notwendige Voraussetzung für den Begriff des Staates. ›Das Politische‹, so verstehe ich den Begriff hier, beschreibt einen bestimmten Blick auf das Soziale. Wir nehmen diese Perspektive dann ein, wenn es um die Gestaltung, Formierung, Anordnung oder Veränderung des Sozialen geht. Im Unterschied etwa zu einem soziologischen Blick, der Strukturen, Bedingungen, Formen und Funktionen des Sozialen untersucht, konzentriert sich die Perspektive des Politischen auf Vorstellungen, Strategien, Verfahren und Konstellationen der Veränderung des Sozialen. So verstanden orientiert sich das Politische in die Zukunft und ist dann nicht notwendiger-, aber möglicherweise ein Begriff der Herrschaft, der Macht oder der Ordnung.

Ich gehe im Folgenden davon aus, dass von den drei genannten Prozessen weniger die Ausbreitung des Computers oder seine Mobilisierung grundlegend bestimmen und verändern, wie das Soziale politisch wird, sondern Algorithmen. Denn mit den Algorithmen schreiben wir mehr als eine binäre Codierung, mehr als ein Netz aus Datennutzungen und mehr als ein Prinzip der Mustererkennung in unsere soziale Welt ein.

Algorithmen entspringen vor allem einer Logik der Berechnung, die nicht nur von Anweisungsfolgen handelt, sondern mit eben diesen Anwendungsformen eine bestimmte Idee davon etabliert, wie wir Zukunft denken können, nämlich als ein über Schrittfolgen erreichbares, eindeutig bestimmbares Ziel. Sollten wir daran scheitern, mangels Wissen oder Verständnis einen Algorithmus zur Lösung einer Frage der Zukunft zu formulieren und in Programmiersprache zu übersetzen, helfen uns Techniken künstlicher Intelligenz. Sie können Algorithmen optimieren oder sogar erst finden. Dabei greifen sie – wiederum algorithmisch – auf große Mengen an Daten zurück, an denen sie gleichermaßen lernen, eben diese Daten zu sortieren, zu klassifizieren, zu hierarchisieren und auch, die Algorithmen für diese Vorgänge zu verbessern.

Ein Beispiel: Wir können nicht genau wissen und im Vorhinein auch nicht genau verstehen, wann eine Pandemie wie jene durch Covid-19 ausgelöste entsteht, wie sie sich verbreitet und welche Maßnahmen zu ihrer Eindämmung geeignet sind. Wir können für solche Probleme nur Modelle erstellen. Lernende Algorithmen, die ständig durch neue Informationen verbessert werden und mit gewaltigen Datenmengen zurechtkommen, sind in ihren Modellbildungen nicht nur besonders schnell, sondern auch besonders präzise. Die kanadische KI-Firma BlueDot etwa konnte mithilfe lernender Algorithmen, die Nachrichten, Blogs und Foren im Internet analysieren, den Ausbruch der Covid-19-Pandemie in Wuhan und die weiteren Verbreitungswege früher (im Dezember 2019) und präzise vorhersagen. Aber auch Risikovorhersagen (Wie groß ist mein Risiko unter bestimmten Umständen, mich anzustecken? Wie groß ist das Risiko eines schweren Verlaufs?) oder die Entwicklung von Medikamenten und Diagnoseverfahren werden durch lernende Algorithmen unterstützt.

Techniken künstlicher Intelligenz fügen der Logik der Berechnung ein weiteres Prinzip hinzu, um fehlendes Wissen über die Zukunft im Hinblick auf ihre Bestimmung aufzufangen: Sie arbeiten mit Wahrscheinlichkeiten. KI-Techniken entwickeln in ihrem Rückgriff auf algorithmische Strukturen kein echtes (gesichertes) Wissen über die Zukunft, über gute und wichtige Entscheidungen, über das Kommende, sondern ein Wissen über Wahrscheinlichkeiten, mit denen das Zukünftige in einer bestimmten Form eintreten könnte.

Diese Prinzipien der Berechnung und der Wahrscheinlichkeit handeln also wesentlich von der Frage, *wie* wir Zukunft denken und gestalten: *wie* wir als Gesellschaft zu Vorstellungen über die Zukunft gelangen und *welche* Gestaltungsideen wir aus diesen Vorstellungen entwickeln. Genau diese Fragen beschreiben nun in einem grundlegenden Sinne die Perspektive des Politischen. Wie wir normative und institutionelle Ordnungen, Freiheit, Gleichheit und Herrschaftsverhältnisse organisieren, zentrale Fragen nach der Politik also, sind lediglich differenzierte Versionen der Frage, wie wir die Zukunft (des Zusammenlebens) gestalten wollen. Algorithmen sind also politisch. Sie schreiben sich in die soziale Welt auf eine Weise ein, die wir politisch nennen müssen.

Im Folgenden wird es darum gehen, wie sich die Politik der Algorithmen genauer beschreiben lässt und wie wir als Gesellschaft mit den entsprechenden Problemen umgehen können. Die Algorithmisierung transformiert Gesellschaften fundamental. Erst wenn wir diese Veränderungen besser verstehen, können wir politisch selbstbestimmt auf die entsprechenden Herausforderungen reagieren, ihre Potenziale erkennen und verantwortungsvoll handeln.

Was bedeutet es nun, Algorithmen politisch zu denken? Und wie sieht eine Politik der Algorithmen konkret aus, worin liegen ihre Besonderheiten? Diese Fragen werden im Folgenden untersucht. Zielpunkt der Überlegungen sind zwei zentrale Fragen: Wie gehen wir mit dieser Politik der Algorithmen um? Und wie und wo verhandeln wir diese Fragen?

Das Politische der Algorithmen

Was heißt es, Algorithmen politisch zu denken?

Aristoteles (384–322 v. Chr.) bezeichnete den Menschen als *Zoon politikon*, als soziales und politisches Wesen.[2] Das sind Algorithmen natürlich nicht. Selbst wenn man in dem, was der Begriff des Algorithmus beschreibt, mehr sieht als bloße Schrittfolgen, die, sofern man sie abarbeitet oder von einer Maschine abarbeiten lässt, zu Ergebnissen, zu Lösungen, zu Handlungsanweisungen, zu einem Output führen –, selbst dann können wir sie kaum als Wesen, die in einem essenziellen Sinne politisch sind, begreifen. Dies dürfte allerdings weniger daran liegen, dass sie keine politischen Eigenschaften haben. Vielmehr hängt diese Schwierigkeit, Algorithmen als politisch zu verstehen, damit zusammen, dass es sich (jedenfalls ursprünglich) um Techniken, jedoch nicht um Akteure handelt.

Doch stimmt das uneingeschränkt? Die folgenden Überlegungen zeigen, dass man Algorithmen nicht allein über ihren Einsatz und auch nicht allein darüber, welche Akteure sie wie einsetzen, als politisch begreifen muss. Eine solche Verengung hätte zwar den Vorteil, dass man Algorithmen anhand bekannter Akteurslogiken (wie etwa dem Homo oeconomicus) erschließen könnte. Dabei würde man aber zentrale Momente dieser Techniken außer Acht lassen: Sie werden ja nicht nur zu bestimmten Zwecken eingesetzt, sondern schreiben sich selbst in einer Weise fort, die weder durch die sie einsetzenden Akteure noch auf andere Weise vollständig beobachtet werden kann.

Wenn wir die politischen Dimensionen von Algorithmen beschreiben wollen, dann müssen wir deshalb sowohl ihren Einsatz als auch die spezifischen Logiken ihrer Einschreibung in die soziale Welt untersuchen.

Hilfreich ist in diesem Zusammenhang, eine Perspektive auf eine digitalisierte soziale Welt einzunehmen, die sie nicht als übermächtige, sowohl unbeherrschbare als auch prinzipiell uneinsehbare Umgebung einer eigentlich ganz anders gearteten oder auch gerade umgekehrt immer schon digital konstruierten Sozialität darstellt. Vielmehr sollten wir Algorithmen als Gelegenheit und gleichzeitig als Aufgabe verstehen, das Soziale neu zu formieren, als Gestaltungsauftrag und nicht lediglich als Konsumangebot.

Einige Anlässe, Algorithmen politisch zu verstehen

Viele technische Kontrolleinrichtungen, die dazu dienen, Menschen aus der Masse herauszulösen, zu differenzieren oder sogar genau zu identifizieren, greifen auf Techniken künstlicher Intelligenz zurück. Eindrückliche Beispiele liefern etwa die vielfältigen Einsätze von maschinellen Gesichtserkennungsverfahren, aber auch Hand-, Finger- oder Augen- bzw. Iris-Scans. Diese Verfahren analysieren Bilder aus Scans oder Kameraaufnahmen. Die Analyse dient dazu, die gesichteten Personen entweder zu klassifizieren, d. h. einer bestimmten Gruppe zuzuordnen, oder zu identifizieren, also ihre Identität zu bestimmen. Die in diesem Zusammenhang eingesetzten Algorithmen, häufig künstliche neuronale Netzwerke in Verfahren des sogenannten Deep Learning, lernen mithilfe von Trainingsdatensätzen, Muster (*patterns*) in Bild-Pixeln zu erkennen. Im Anschluss können diese Erkennungsverfahren ihre Erfahrungen bei der Einordnung neuer Bilder anwenden und gleichzeitig ihre Entscheidungswege immer weiter optimieren. Doch bei der Anwendung solcher Verfahren tauchten immer wieder Probleme auf: Personen aus bestimmten Gruppen wurden schlechter erkannt oder häufiger bestimmten Personengruppen falsch zugeordnet als Personen aus anderen Gruppen.

Eine Studie der American Civil Liberties Union (ACLU) konnte beispielsweise nachweisen, dass die kommerzielle Gesichtserkennungssoftware *Rekognition*, die u.a. in der Strafverfolgung zum Abgleich verdächtiger Personen mit Fahndungskarteien eingesetzt wird, in einem Testeinsatz 28 aller Abgeordneten und Senator*innen fälschlich als Straftäter*innen erkannte, unter diesen überproportional viele *People of Color*.[3] Die Informatikerin und Aktivistin Joy Buolamwini berichtet in ihrem TED-Talk eindrücklich von dem verbreiteten Problem, dass Menschen nicht-weißer Hautfarbe von Gesichtserkennungssoftware schlechter erkannt werden;[4] auch in Bezug auf die Fähigkeit, das Geschlecht einer Person zu erkennen, haben die Softwaresysteme unterschiedlich gut ausgeprägte Fähigkeiten. Eine Ursache für diese Unterschiede liegt, wie man schnell herausfand, an der Auswahl der zu Beginn zur Verfügung gestellten Trainingsdaten. Wurde ein Algorithmus beispielsweise überwiegend mit Bildern weißer Männer trainiert, konnte er Mitglieder dieser Gruppe auch besser erkennen als andere. In diesem Zusammenhang wurde das Problem der Diskriminierung durch Algorithmen diskutiert: Schnell sprach man von *biased algorithms* (unter *bias* versteht man eine Verzerrung von Untersuchungsergebnissen durch die gewählte Untersuchungsmethode). Gesichtserkennungssysteme werden normalerweise eingesetzt, um Grenzen, Zugänge zu bewachtem Gelände oder Häusern oder zu Softwaresystemen zu kontrollieren, um öffentliche Orte zu überwachen oder Tatverdächtige zu identifizieren. Es geht in den beschriebenen Fällen also um Ausschlüsse und Zugänge zu Orten oder Infrastrukturen, um Ungleichbehandlungen durch staatliche Einrichtungen oder um Überwachungsmaßnahmen.

Diese berühren unmittelbar die politische Sphäre, sind für sich genommen jedoch nicht anlassbildend genug, um Algorithmen bzw. künstliche neuronale Netzwerke als grundsätzlich und immer politisch zu qualifizieren. Denn weder eine fragwürdige Auswahl von Trainingsdaten (nicht durch die Algorithmen, sondern durch die Entwickler*innen) noch ihr Einsatz in politisch relevanten Bereichen machen Algorithmen bereits als solche zu politischen Techniken.

Doch vielleicht sind Algorithmen nicht nur in manchen Fällen *biased* bzw. voreingenommen. Vielleicht bildet ihre Voreingenommenheit ein Kernelement ihrer Struktur und eine Voraussetzung ihrer Wirksamkeit. Vielleicht also markieren die Beispiele von *biased algorithms* lediglich eine (noch tiefer liegende) politische Dimension von Algorithmen.

Diese These mag auf den ersten Blick erstaunen: Sind Algorithmen als angewandte Techniken nicht eigentlich unparteiisch? Algorithmen sind Mittel, um aus vielen unsortierten Daten unter bestimmten Annahmen, entlang bestimmter Regeln und mit einem bestimmten Ziel (es geht darum, sich zwischen Alternativen zu entscheiden, zu klassifizieren bzw. zu hierarchisieren) wenige sortierte Daten zu gewinnen. Algorithmen behandeln Datensätze also normativ und sind *in diesem Sinne* normativ voreingenommen. Diese Voreingenommenheit, die nicht erst dann bemerkenswert wird, wenn sie sich in gravierenden Diskriminierungen entfaltet, sondern bereits auf dieser basalen Ebene, macht Algorithmen in einem ganz ursprünglichen Sinne zu politischen Techniken: Algorithmen lesen, verarbeiten, prognostizieren oder klassifizieren eine spezifische Wirklichkeit, die auf eine vorstrukturierte Weise in Daten übersetzt worden ist. Sie erzeugen mit diesen Verfahren einen Output, dem die Tatsache, dass der Algorithmus, der ihn erarbeitet hat, von bloßen Annahmen ausging, nicht mehr anzusehen ist. Auf diese Weise wird der Anschein von Neutralität, ja von Objektivität erzeugt. Auf einen Punkt gebracht: Diese Aspekte algorithmischer Wirklichkeitskonstruktion, die unsere Wahrnehmung der Welt prägen, sind nicht zwangsläufig (aber möglicherweise) in einem rechtlichen oder ethischen Sinne ähnlich problematisch wie die erwähnten Diskriminierungen durch Algorithmen. Die Art und Weise, wie wir die Wirklichkeit wahrnehmen, wie wir sie entlang von Vorannahmen strukturieren und beeinflussen, bedeutet, in einem vorinstitutionellen Sinne politisch zu agieren. Diese Vorgehensweise prägt nicht nur, wie wir soziale Verhältnisse wahrnehmen, sondern auch, wie wir diese Verhältnisse gestalten und formieren. Verwenden wir bei der Gestaltung Algorithmen, sind sie zwangsläufig und immer politisch relevant.

Ein weiterer Anlass, den Einsatz von Algorithmen als politisch zu verstehen, ließe sich bereits an den skizzierten

Beispielen von visuellen Erkennungssystemen erläutern, deutlicher zeigt er sich allerdings in weiteren Fällen: Es geht um das Verhältnis zwischen Kollektiv und Individuum. Die Fragen, wie sich kollektive zu individueller Willensbildung verhält, wie kollektive und individuelle Interessen miteinander in Verbindung zu bringen oder wie kollektive und individuelle Handlungen aneinander orientiert sind, beschreiben verschiedene Aspekte eines grundlegenden Problems des Politischen: Individuum und Kollektiv sind wechselseitig aufeinander angewiesen. Doch wie kann man beide in ein ausgleichendes und gleichberechtigtes Verhältnis bringen? Wie sind Individuum und Kollektiv so aufeinander zu beziehen, dass das eine im anderen aufzugehen vermag, ohne dass sich die Individuen im Kollektiv bzw. Kollektive sich zugunsten der Individuen auflösen?

Algorithmen schreiben sich in dieses Verhältnis ein, ohne dass sie es zwangsläufig auch thematisieren. Sie formieren eine spezifische Beziehung von Kollektiv und Individuum, indem sie beide Ebenen über die Relation von Input und Output verknüpfen. Ganz typisch findet sich etwa in den algorithmischen Architekturen künstlicher Intelligenz folgende Anordnung: Verhaltensdaten von sehr vielen Menschen werden als Datensatz gefasst und von einem Algorithmus verwendet, um in diesem Datensatz Regelmäßigkeiten zu erkennen. Diese Regelmäßigkeiten werden dann herangezogen, um Annahmen über eine bestimmte Wahrscheinlichkeit zukünftigen Verhaltens von Individuen zu formulieren. Die jeweilige Wahrscheinlichkeit ergibt einen Output, der sich nun aber wiederum allein auf eine individuelle Entscheidung oder Handlung bezieht. Oder anders ausgedrückt: Daten vom Verhalten einzelner

Individuen werden kollektiv gebündelt und dann wieder auf das angenommene Verhalten eines Individuums in der Zukunft projiziert, etwa beim sogenannten Scoring bei der Berechnung der Kreditwürdigkeit von Verbraucher*innen durch die Schufa (Schutzgemeinschaft für allgemeine Kreditsicherung). Aus großen Datensätzen, die Verhaltensinformationen vieler einzelner Menschen sammeln, werden Annahmen über das zukünftige Verhalten Einzelner generiert. Wenn ich beispielsweise in einem Stadtviertel wohne, dessen Bewohner*innen häufiger Kredite nicht oder verspätet zurückzahlen, dann, so rechnet es die Schufa mit ihrem Scoring-Algorithmus aus, ist die Wahrscheinlichkeit groß, dass auch ich meinen Kredit nicht oder verspätet zurückzahle. Entscheidend ist für den vorliegenden Zusammenhang an diesem Vorgehen, dass der Algorithmus viele Daten von Individuen als Datensatz verarbeitet. Es wird also eine bestimmte Gruppe von Individuen unter bestimmten Gesichtspunkten (etwa: denen des Wohnorts) zu einem Kollektiv zusammengefasst, um aus den kollektiven Daten dann Rückschlüsse auf individuelles Handeln zu ziehen.

Für mich als Kundin ist dieses Vorgehen keineswegs einleuchtend. Warum sollte ich das Kreditverhalten meiner Nachbarn mir zurechnen und das Ergebnis in einen schlechteren Scoring-Wert übersetzen lassen, wenn doch nur ich allein einen Kredit aufnehmen will? Von der kreditgebenden Seite aus gesehen, deren Geschäftspraxis eine vorsichtige Einschätzung voraussetzt, liegt es vielleicht näher, nicht nur auf persönliche Einschätzungen (etwa: Ich kenne eine Kundin als einen vertrauenswürdigen Menschen, der gut wirtschaften kann) zu vertrauen. Sie wird eher auf eine vermeintlich objektiv (tatsächlich aber unter normativen

Vorannahmen) berechnete Wahrscheinlichkeit abstellen, die sich aus einer größeren Datenmenge bzw. aus Gruppendaten ergibt.

Warum sollte aber dieser Umgang mit Datensätzen und individuellen Verhaltensprognosen uns dazu bringen, Algorithmen als politisch zu verstehen? Ist dann nicht auch die Anwendung jeder beliebigen Statistik als solche, also nicht nur in ihrem spezifischen Einsatz, politisch? Schließlich benutzten statistische Verfahren schon lange vor der Entwicklung von computerisierten KI-Techniken diese Form einer Kollektivierung von Einzeldaten.

In der Tat ist die Statistik ein historisch mit der modernen Staatlichkeit entwickeltes Mittel politischer Steuerung: Wer um die Details seiner Bevölkerung und der jeweiligen Verhältnisse, in denen sie lebt, Bescheid weiß, kann besser regieren. Nicht umsonst wurde die Statistik bis ins 19. Jahrhundert hinein als Strang der deutschen Staatswissenschaft verstanden. Für Michel Foucault (1926–1984) stellt die Statistik ein äußerst wichtiges Mittel staatlicher Macht dar, einer Macht, die in ihrer engen Bindung an Wissen auf wissensgenerierende Herrschaftstechniken angewiesen ist und gleichzeitig dazu beiträgt, den Begriff der Bevölkerung zu formen.

Im Zusammenhang mit Algorithmen kann allerdings weder die politische Geschichte der Statistik noch die Foucault'sche Hervorhebung der Bedeutung von Wissen für die Ausübung von Macht Anlass dazu geben, auf eine algorithmische Politizität zu schließen. Der politische Einsatz der Algorithmen ergibt sich in den beschriebenen Zusammenhängen aus der spezifischen Kopplung der statistischen Analyse von gesammelten Einzeldaten (Input) und dem Rückschluss auf die Wahrscheinlichkeit bestimmter Verhaltensweisen von Einzelnen (Output). Auf diese Weise werden nämlich anders als bei der bloßen Anwendung von jeder beliebigen Statistik sowohl meine Handlungsmöglichkeiten kanalisiert als auch der Raum des Sozialen formiert. Insbesondere, weil ich keine Möglichkeit habe, auf Input und Verfahren der Output-Generierung Einfluss zu nehmen oder überhaupt Kenntnis davon zu erlangen, wie ein bestimmter Output zustande kommt. Und genau das ist der Grund dafür, warum es sich bei der formierenden Anordnung von kollektiven und individuellen Handlungen durch entsprechende Algorithmen um eine sowohl politische als auch um eine politisch relevante Strukturbildung handelt. Dass ich möglicherweise, sollte ich auf Wohnungssuche gehen, eher in einer Gegend suchen werde, die keine Nachteile im Schufa-Scoring verspricht, ist mehr als ein Nebeneffekt: Mein Verhalten folgt unmittelbar aus der Politizität algorithmischer Mechanismen, wenn diese in sozialen Zusammenhängen agieren. Und diese Mechanismen sind struktureller Art, weil sie mit der Möglichkeit, mit KI-Techniken überhaupt algorithmisch zuzuordnen, zu klassifizieren oder zu entscheiden, verbunden sind. Würden keine Daten vieler Personen, vieler Beispiele, vieler Verhaltensweisen vorliegen, könnten KI-Techniken weder lernen noch entscheiden. Algorithmisch zu lernen und zu sortieren, bedeutet, aus sehr großen Datensätzen Rückschlüsse auf konkrete Personen oder Handlungen zu ziehen, es bedeutet Kollektive und Individuen in bestimmte Verhältnisse zu setzen – was eine politische Unternehmung im oben beschriebenen Sinne ist.

Algorithmen beeinflussen politisches Denken und Handeln

Algorithmen erheben Wahrscheinlichkeit zum Prinzip der Weltdeutung und verbinden dieses Prinzip mit einer spezifischen Version des Verhältnisses von Kollektivität und Individualität, indem sie der Logik von Input und Output den Anschein von Neutralität geben. Auf diese Weise entwickeln sie ein anderes Paradigma der Ordnungsbildung, das sich deutlich von den Paradigmen liberaler (westlicher) politischer Verfassungen unterscheidet. Dieses Angebot ist bereits strukturell normativ angelegt und formiert insofern soziale Ordnungsbildung, wirkt also durch die *Normativität der Normalisierung* politisch. Algorithmen stellen den Grundsätzen politischer *Autonomie und Freiheit* ein anderes Modell gegenüber. Dieses Modell entwickelt sich, indem es die soziale Welt ausgreifend durchdringt, zu einer Konkurrenz für die Idee politischer Freiheit. Es muss also das Verhältnis zwischen *Ubiquität und Herrschaft* genauer untersucht werden. Die besondere Politizität des Modells lässt sich schließlich als *Entpolitisierung* beschreiben. Um diese vier Punkte wird es im Folgenden gehen.

Normativität der Normalisierung

Die in Algorithmen eingeschriebene Annahme, dass die Extrapolation vergangenen Verhaltens vieler eine gute Prognose des zukünftigen Verhaltens Einzelner wie etwa beim Scoring liefert, ist in einem bestimmten wirtschaftlichen Bereich außerordentlich erfolgreich: Verkaufsportale im Internet würden mir kaum Werbung entsprechend meiner früheren Suchen oder entsprechend der Suchen anderer Kunden, die ähnliche Artikel wie ich gekauft haben, zeigen, wenn dies nicht insgesamt umsatzsteigernd wäre. Der Kern dieser Annahme besteht darin, dass wir uns mit einer größeren Wahrscheinlichkeit in Zukunft ähnlich verhalten wie in der Vergangenheit und wir dies mit höherer Wahrscheinlichkeit ähnlich unserer sozialen Umgebung tun bzw. es eher unwahrscheinlich ist, dass wir uns im Vergleich zu dieser unserer Umgebung stark abweichend verhalten. Doch unabhängig davon, ob dies richtig oder falsch ist, läuft diese Annahme, sofern sie vielen Bereichen sozialen Lebens nicht nur zugrunde gelegt wird, sondern algorithmisch zum Einsatz kommt, auf einen neuen Typus sozialer Ordnungsbildung hinaus. Dieser neue Typus kann mit dem Begriff der Normalisierung, als Angleichung sozialen Handelns oder Wertens an Vorstellungen von Normalität, beschrieben werden. Kaufverhalten und durch Suchmaschinen organisiertes Wissen über die Welt, navigationsgesteuerte Wahrnehmung geografischer Zusammenhänge oder kommunikative Verhaltensweisen etwa in sozialen Medien gleichen sich aneinander an. Verhalten, das von den prognostischen Normen abweicht, trifft auf weniger Angebote und wird auf diese Weise immer weiter an den Rand gedrängt.

Man könnte nun auch Belege dafür suchen, dass diese Angleichung ja gerade nicht durch die Algorithmen selbst geschehe, sondern dass Algorithmen solche Angleichungen, Ähnlichkeiten im Handeln als im Sozialen bereits längst bestehende Angleichungen analysieren und in Output umwandeln. Doch findet sich in diesem algorithmischen Einsatz ein Moment der Normalisierung, das insofern politisch ist, als es soziale Ordnungsbildung formt und bestimmt. Man muss nur Analyse und Output algorithmischer Techniken voneinander unterscheiden. Die statistische Erhebung und Aufbereitung von Datensätzen, die Berechnung von Wahrscheinlichkeiten oder die Sortierung von Verhaltensdaten mögen in der Tat soziales Verhalten abbilden. Algorithmen, die Kriterien für diese Analyse selbst im Lernen entwickeln, vollziehen diese Verfahren typischerweise, um einen Output zu erzeugen, der sich aus der prognostischen Wendung der Analyse ergibt. Aus in Bildern erkannten Pixel-Anordnungen soll sich ergeben, wie neue Bilder zugeordnet werden können; aus früheren Äußerungen in sozialen Netzwerken sollen Konsuminteressen der Nutzenden erkannt werden, um künftiges Kaufverhalten durch gezielte Werbung zu steuern; aus vergangenen Verbrauchsmustern soll die gewünschte zukünftige Füllung des Kühlschranks vorhersagbar werden. Das heißt, schon die zugrunde liegende Datenanalyse erfolgt nicht ins Blaue hinein, sondern (darin besteht gerade die herausragende Fähigkeit lernender Algorithmen) im Hinblick auf ein bestimmtes, genau definiertes Ziel. Und dieses Ziel lässt sich als Versuch, etwas möglichst genau vorauszusagen, zu prognostizieren, bestimmen. Algorithmen bilden also gerade nicht einfach und neutral Muster, Verteilungen oder Zusammenhänge in Datensätzen ab, sondern versehen sie entlang ihrer prognostischen Orientierung mit einer Bewertung. Sie zeichnen eine bestimmte Variante zukünftigen Handelns gegenüber einer anderen aus, weil die erstere unter bestimmten Bedingungen wahrscheinlicher Realität werden wird als letztere – ein normativer und keinesfalls notwendigerweise erfolgender Vorgang. Oder anders ausgedrückt: Algorithmische Verfahren laufen auf die Normalisierung von Handlungen oder Handlungsoptionen hinaus und verbinden diese Normalisierung mit einer Bewertung. Und genau aus diesem Grund sind sie schon immer strukturell normativ und agieren niemals wertneutral, können das letztlich gar nicht.

Autonomie und Freiheit

Besonders deutlich wird die politische Seite des Einsatzes von Algorithmen über einen Umweg. Werfen wir einen Blick auf die politische Verfassung eines Gemeinwesens.

Die politische Verfassung in Deutschland, wie sie im Grundgesetz niedergelegt wurde, ist – wie viele westliche liberale Verfassungen – um die Idee der Autonomie zentriert. Nicht nur der Schutz der Würde, sondern auch Freiheits- und Gleichheitsrechte sowie Persönlichkeitsrechte beruhen auf der starken Annahme, dass jede einzelne Person in der Lage ist, frei und selbstbestimmt zu handeln und in diesem Handeln geschützt werden soll – und zwar unabhängig davon, ob es empirisch tatsächlich so etwas wie einen freien Willen gibt oder nicht. Alle verfassungsrechtlichen Schutzmechanismen sind an diese Idee der Autonomie jedes Menschen geknüpft. Doch gilt das auch für die grundlegenden organisatorischen Momente der Verfassung. Demokratie kann ohne die Idee der Autonomie nicht funktionieren, und auch die Idee rechtlicher Gleichheit ist eng mit dieser Idee verbunden, nämlich als Gleichheit in Autonomie. Ähnlich verbunden sind mit dieser Idee solidarische Aspekte wie die Sozialbindung des Eigentums: Die Idee der Autonomie stellt in diesem Sinne kein wirtschaftsliberales, sondern ein politisches Konzept dar. Autonomie bedeutet nicht notwendig, Entfesselung und ein ›freies Spiel der Kräfte‹ so weitgehend zu erlauben, dass dies am Ende wieder zu Abhängigkeitsverhältnissen führt. Sondern sie bedeutet zunächst nur, dafür zu sorgen, dass jede einzelne Person selbstbestimmt entscheiden und handeln kann. Dies bedeutet nicht zwangsläufig auch, dass jede Handlung erlaubt sein kann, ebenso wenig, dass jedes Handeln völlig unabhängig von anderen Menschen und Zusammenhängen wäre. Vielmehr knüpft Autonomie bei der Vorstellung an, dass jeder Mensch nicht aufgrund oder unter der Bestimmung anderer, sondern unter seiner eigenen denken und handeln können soll. Dies schließt die Möglichkeit ein, sich immer wieder neu und anders zu entscheiden, irrational oder auch überhaupt nicht zu handeln. Und es schließt ein, sich in seinen Entscheidungen und Handlungen an eigenen Maßstäben orientieren zu können. Gleichzeitig liefert eine so verstandene Autonomie auch die Bedingung dafür, für sein eigenes Tun Verantwortung übernehmen zu können.

Diese der Verfassung zugrunde liegende Idee der Autonomie ist wiederum eng mit einer politischen Idee verbunden, ohne die eine demokratische Verfassung nicht denkbar wäre, nämlich die Idee politischer Freiheit. Politische Freiheit bedeutet nicht allein, selbstbestimmt zu politischen Urteilen zu kommen, selbstbestimmt politische Meinungen zu entwickeln und Wahlentscheidungen frei treffen zu können, sondern auch, keinen äußeren Begründungs- oder Rechtfertigungszwängen zu unterliegen. Meine Handlungen müssen nicht in sich wohlbegründet zusammenhängen bzw. konsistent sein und auch nicht grundsätzlich in geregelter Abfolge eine aus der anderen abgeleitet, also kontinuierlich erfolgen. Wenn ich politisch frei bin, dann kann ich jederzeit und immer wieder neu entscheiden, mir eine neue Meinung bilden, muss nicht begründen, warum ich gerade jetzt mein Wahlkreuz bei einer bestimmten Partei mache oder mich bei jeder Wahl unvorhersehbar anders verhalte.

Dennoch handelt es sich bei der politischen Freiheit nicht einfach um eine Art spezialisierten Ausschnitts der Idee der Autonomie, wie sie der Verfassung zugrunde liegt. Politische Freiheit setzt nicht nur die Idee der Autonomie voraus, sondern ermöglicht umgekehrt und gleichzeitig auch, Autonomie als Fundierung einer demokratisch verfassten Gemeinschaft – und nicht nur einer Versammlung gleichberechtigter Individuen – zu verstehen. Politische Freiheit geht, so verstanden, nicht in der Idee der Selbstbestimmung auf, sondern stellt eine Form der Freiheit dar, die auf Politik, auf die Gestaltung des Zusammenlebens ausgerichtet ist: Sie kann nicht ohne diese Ausrichtung auskommen. Warum diese Freiheit zusammen mit dem (menschlichen) Handeln selbst konstitutiv für das Politische ist, beschreibt Hannah Arendt in ihrem Essay »Freiheit und Politik«:

> Durch das Freisein, in dem die Gabe der Freiheit, des Anfangen-Könnens, zu einer greifbar weltlichen Realität wird, entsteht zusammen mit den Geschichten, die das Handeln erzeugt, der eigentliche Raum des Politischen.[5]

Setzt man Politik und Freiheit derartig zueinander ins Verhältnis, zeigt sich deutlicher, inwiefern Algorithmen und ihr Einsatz auf eine grundsätzliche Weise als politisch verstanden werden müssen. Arendt führt in diesem Sinne aus, dass es den Raum des Politischen überall dort gebe,

> wo Menschen in Freiheit [...] miteinander leben, aber er verschwindet – auch wenn das institutionell-organisatorische Gerüst, das ihn einschließt, intakt bleiben sollte – sofort, wenn das Handeln aufhört, das Sichverhalten und Verwalten anfängt oder auch einfach die Initiative erlahmt, neue Anfänge in die Prozesse zu werfen, die durch das Handeln entstanden sind.[6]

Genau an dieser Stelle zeigt sich nun, inwiefern Algorithmen ein Gegenmodell zur Idee der Autonomie in ihrer in der Verfassung niedergelegten Verschränkung mit politischer Freiheit entwerfen und in die soziale Welt einschreiben: Algorithmen bringen zwangsläufig einen verwaltungshaften Aspekt mit sich, sind von diesem nicht zu trennen. Sie verarbeiten und werten Datensätze aus, die aus vergangenem Handeln Prognosen über zukünftiges Handeln abgeben. Dadurch nehmen sie den zentralen Schritt menschlicher, selbstbestimmter Entscheidung zu einem Handeln ab, man könnte auch sagen, sie ersetzen ihn. Sie lassen uns also vorgängiges Handeln verwalten. Algorithmischer Output ermöglicht es von seiner Anlage her nicht, Initiative zu ergreifen, um »neue Anfänge in Prozesse zu werfen«. Algorithmen erschweren es uns, unsere »Gabe der Freiheit, des Anfangen-Könnens« zu gebrauchen – sie laden uns ein, unsere Freiheit *nicht* zu gebrauchen. Auf diese Weise verkümmert der Raum des Politischen. Kurz: Algorithmen entpolitisieren das Soziale.

Ist das aber nicht zu kurz gedacht? Machen Algorithmen nicht lediglich ein Angebot, auf ihre Dienste zurückzugreifen, ohne uns dazu zu zwingen, dies auch zu tun? Liegt es nicht allein an uns, algorithmische Entscheidungen als Möglichkeit in unsere eigenen, selbstbestimmten Entscheidungen einzubeziehen, ohne uns von ihnen beherrschen zu lassen? Und könnten nicht auch algorithmische Verfahren selbst wieder politisierbar sein? Könnte auf diese Weise ihre entpolitisierende Wirkung nicht aufgehoben werden?

Da ist etwas dran: Die prognostische Logik der Algorithmen muss zwar nicht den Gedanken der Autonomie voraussetzen. Ihr Modell des Outputs kann auf die Idee politischer Freiheit leicht verzichten. Zu einer ernsthaften Konkurrenz für das Modell politischer Freiheit werden Algorithmen aber erst dann, wenn sie so wirkmächtig sind, dass sie menschliches Handeln und den Gebrauch der Freiheit marginalisieren oder wenn ihre oben beschriebene Regelvorgabe bzw. Normativität in einer relevanten Weise wirkungsvoller wird als andere normative Angebote und sie dadurch die Freiheit zu selbstbestimmter Entscheidung einschränkt.

Ubiquität und Herrschaft

Sind Algorithmen also inzwischen so wirkmächtig geworden, dass sie der Verwirklichung politischer Freiheit zu einer ernsthaften Konkurrenz werden könnten? Eine verbreitete These lautet, Algorithmen seien zum einen ubiquitär und beherrschten zum anderen die soziale Welt. Die beiden unterschiedlichen Begriffe ›Ubiquität‹ und

›Herrschaft‹ beschreiben nur oberflächlich betrachtet verschiedene Aspekte der Verbreitung von Algorithmen in der sozialen Welt. Wir machen zwei quasi aneinandergekoppelte Annahmen: Algorithmen sind nicht nur überall, in allen Lebensbereichen zu finden, sondern sie wirken dort auch auf eine Weise, der wir uns kaum entziehen und nicht entgegentreten können, wenn wir an der sozialen Welt teilhaben wollen.

Algorithmen durchdringen die soziale Welt der Gegenwart (des globalen Nordens, aber nicht allein) schon sehr weitgehend. Beim Einkaufen und Rasenmähen, Autofahren und Heizen, in der Kommunikation, bei der Beobachtung des eigenen Körpers, auch bei Entspannung oder sogar Schlaf verwenden wir Techniken künstlicher Intelligenz entweder unmittelbar oder kontrollieren sie mit deren Hilfe. Auch für komplexe Entscheidungen, etwa medizinische Diagnosen oder den Kauf von Wertpapieren, die Einschätzung der Kreditwürdigkeit oder die Auswahl von Bewerber*innen um einen Arbeitsplatz, greifen wir zunehmend auf sie zurück. Und sogar bei unwiderruflichen physischen Vorgängen, dem militärischen Einsatz von Drohnen oder medizinischen Operationstechniken (z. B. im Falle des *Cyberknife*, eines robotergestützten Systems zur Bestrahlung von Tumoren, das Bewegungen von Organen wie der Lunge algorithmengestützt voraussehen und so präzise, von künstlicher Intelligenz gesteuert, bösartiges Gewebe zerstören kann) verlassen wir uns auf algorithmisch strukturierte Berechnungen.

Die Tatsache, dass Algorithmen die soziale Welt durchdringen und beinahe jeden Aspekt des Zwischenmenschlichen berühren oder sogar prägen, macht sie bereits in einem ganz ursprünglichen Sinne zu politischen Formen. Politik spielt sich genau dort ab, wo wir beginnen, soziale Strukturen, Momente und Formationen zu ordnen, unser Handeln als relevant für andere zu begreifen, also dort, wo wir beginnen, uns und die anderen, also alle und Einzelne, nicht mehr nur als kontingente Konstellationen, sondern als solche Menschen verstehen, die wir bewegen, verändern und normativ miteinbeziehen können. Wenn wir nun zu allen Handlungen, zu allen Anlässen zwischenmenschlicher Begegnung, auch zur Auseinandersetzung mit uns selbst, algorithmisch strukturierte Programme, Geräte oder Gegenüber (etwa Social Bots) hinzuziehen oder jedenfalls als Beteiligte akzeptieren, dann erweitern wir die Möglichkeiten, das Soziale zu denken und zu strukturieren, zu befragen und zu verändern, kurz: die Möglichkeiten des Politischen.

Es ist allerdings nicht die bloße Ubiquität ihrer Verbreitung, die uns Algorithmen als politisch begreifen lässt, auch nicht, wenn sie dadurch beinahe notwendig auch zu Gegenständen politisch-institutioneller Prozesse werden. Vielmehr wurzelt ihre Politizität in ihrer Struktur und gleichermaßen in der Art und Weise, wie diese Struktur die soziale Welt durchdringt. Wir schreiben die Logik der Berechnung, der jeder Algorithmus folgt, ganz wörtlich verstanden im ubiquitären Gebrauch der Algorithmen in unser eigenes Denken und Handeln ein, nämlich eine Logik der Berechnung, die wesentlich darin besteht, Anweisungsfolgen abzuarbeiten. Diese Logik schreiben wir den Maschinen ein, und die Maschinen schreiben sie auf und ein – nicht allein zur Beschreibung des Algorithmus, sondern der (digitale) Vollzug des Algorithmus erfolgt wiederum selbst schreibend, genauer: im Schreiben von Zahlenketten aus 0 und 1.

Es gibt gegenwärtig (und hier liegt der qualitativ gesehen gewaltige Sprung im Vergleich zu Zeiten vor der Digitalisierung und vor Big Data) kaum Handlungen, die wir vollziehen, kommunikative Prozesse, an denen wir teilhaben, Wege, die wir zurücklegen, Einsichten, die wir erlangen, oder Entdeckungen, die wir machen, ohne dass dabei irgendwie algorithmisch strukturierte Programme beteiligt wären. Schon beim Schreiben dieses Textes liest (und korrigiert) eine algorithmisch lernende Grammatik- und Rechtschreibprüfung meiner Software mit; wenn ich Literatur zu Einzelaspekten suche, nutze ich algorithmisch operierende Datenbanksuchmaschinen; und mein Weg in die Bibliothek wird von der Navigationsapp auf meinem Smartphone unter Einsatz von Algorithmen optimiert. Obwohl trotzdem zahlreiche Handlungen, Überlegungen und Gespräche unseres Alltags ›bloß analog‹ verlaufen, sind auch diese in algorithmisch strukturierte Kontexte eingebunden, knüpfen also an algorithmenbasierte Handlungen, kommunikative Prozesse oder Entscheidungen an, greifen solchen vor, werden von solchen überwacht oder könnten auch mithilfe von Techniken künstlicher Intelligenz vorgenommen werden.

Sowohl die Ubiquität der Algorithmen als auch die Logik der Berechnung, nach der Algorithmen strukturiert sind, haben im Zuge der Digitalisierung und den Möglichkeiten von Big Data in der sozialen Welt einen völlig neuen Stellenwert bekommen. Waren Algorithmen schon zuvor potenziell überall zu finden und im Einsatz, sind sie es nun derart regelmäßig tatsächlich in allen Feldern des Sozialen, dass es so gut wie keine Handlung, kein Ereignis und keinen kommunikativen Akt gibt, der vollkommen ohne (digitale) algorithmische Strukturen auskommt.

Inwiefern nun trägt dieser ausgreifende Einsatz der Algorithmen dazu bei, Algorithmen als politisch zu fassen? Algorithmen legen uns eine bestimmte Sicht auf die Welt nahe – dies ist nicht allein in ihren jeweiligen Ausgestaltungen, Zielsetzungen oder Annahmen begründet, sondern auch in allgemeinen Charakteristika von Algorithmen als Anweisungsfolgen: darin nämlich, dass sie für jedes Problem, jede Frage und jedes Vorhaben zumindest die Möglichkeit anbieten, die Antwort zu berechnen. Damit wird häufig die Behauptung verbunden, dass die Lösung eines Problems algorithmisch schneller, besser oder effizienter gefunden werden kann als auf andere Weise. Dies mag in vielen Fällen zutreffend sein, in vielen anderen aber auch nicht. Algorithmische Wege sind als ubiquitäres Angebot immer eine Option, mit der wir uns jedenfalls auseinandersetzen müssen. Sie formieren den Raum des Zwischenmenschlichen mit, unabhängig davon, ob wir sie verwenden oder nicht. Es ist allerdings wenig hilfreich, in diesem Zusammenhang gleich von einer ›Herrschaft‹ der Algorithmen zu sprechen, denn die Art und Weise, in der Algorithmen die soziale Welt durchdringen, etabliert kein Verhältnis der Über- oder Unterordnung, welches das Soziale wie eine äußere Kraft überkommen und politische Freiheit in Form von Herrschaftsgewalt unterdrücken würde. Algorithmen konkurrieren vielmehr mit dem Modell politischer Freiheit; sie gewinnen ihre durchdringende Wirkung auf das Soziale vor allem dadurch, dass wir sie (ohne äußeren Zwang) ständig nutzen.

Techniken künstlicher Intelligenz stellen nicht einfach Mittel oder Werkzeuge bereit, die uns bestimmten Tätigkeiten effizienter, leichter, angenehmer, besser oder günstiger nachgehen lassen, dabei aber ohne Einfluss auf unser Zusammenleben in seinen Räumen, seinen Möglichkeiten und seiner Ordnung bleiben. Erst dadurch, dass wir sie ubiquitär einsetzen und nutzen, können sie eine Wirkmacht entfalten, die etwas mit unserer Haltung zur Welt und mit unserer Wahrnehmung der Welt macht. Mit den Algorithmen wird die Logik der Berechnung ubiquitär und nimmt Einfluss auf unsere Entscheidungen, unsere Handlungen, unsere Kommunikation, die ihrerseits nicht nur Ausdruck, sondern auch Bedingung der Möglichkeit des Zwischenmenschlichen sind.

Genau in dieser Kombination wird die soziale Welt politisch geformt. Algorithmen werden erst durch ihre Verbreitung zu einer Technik sozialer Formierung.

Entpolitisierung

Algorithmen liefern mit ihrer prognostischen Logik ein anderes Paradigma sozialer Ordnungsbildung als jenes, das liberalen, demokratischen Verfassungen zugrunde liegt – die Faktizität vergangenen Verhaltens, die statistisch erhobenen Regelmäßigkeiten sozialer Teilhabe und individueller Entscheidungen werden zum Maßstab künftiger Verhaltenserwartung, nicht die Idee der Autonomie.

Damit treten Algorithmen nicht unmittelbar, sondern vermittelt in Konkurrenz zur demokratisch verfassten Ordnungsidee – schließlich können Alltagshandlungen oder wirtschaftliche Einschätzungen, verkehrslenkende Prinzipien oder die Steuerung von Insulinpumpen ohne weiteres anderen Prinzipen wie den Ideen von Selbstbestimmung und politischer Freiheit folgen, ohne dass dadurch die politische Verfassung einer Gemeinschaft in Frage gestellt würde. Und dies ist auch nicht weiter verwunderlich, denn gerade erst die breite Vielfalt an Handlungsmöglichkeiten, an Meinungsbildungen und Wertungen, kurz: an Logiken des Sozialen, bildet für demokratische Systeme nicht nur ein anzustrebendes Ziel, sondern auch die Grundlage, um einen demokratischen politischen Diskurs zu ermöglichen. Doch schreiben sie sich wie schon skizziert nahezu ubiquitär quer durch alle Lebensbereiche, Entscheidungsmomente und Wahrnehmungsweisen in das Soziale ein.

Es ist durchaus davon auszugehen, dass Algorithmen in vielen Fällen gute Entscheidungen treffen, überzeugende Zuordnungsrelationen bilden und effiziente Werkzeuge sind. Sie operieren dabei allerdings anders, als man auf den ersten Blick meinen könnte, nicht neutral, sondern normativ; sie ziehen Muster und Regelmäßigkeiten im Vergleich zu Abweichungen, Überraschungen und einem verschiedene Meinungen abwägenden Diskurs vor; und sie legen in ihrer Input/Output-Logik weder Wege noch Entscheidungskriterien offen.

Wie sollen und können wir mit dieser Tatsache umgehen? Die Art und Weise, in der Algorithmen die soziale Welt formen, in der Algorithmen politisch sind, ist ihrerseits politischer Behandlung kaum zugänglich. Die Logik der Berechnung ist eine einsame Logik von richtig oder falsch, sie lässt sich nicht relativieren und duldet keinen Kompromiss. Zu versuchen, die Logik der Wahrscheinlichkeit auch nur zu hinterfragen, gleicht dem Unterfangen,

Naturgesetze diskutieren zu wollen. Der Erfolg algorithmischer Techniken liegt nicht nur in ihrer Fähigkeit, mit enormen Datenmengen umgehen zu können, sondern in ihrer Logik der Eindeutigkeit, zumindest in den Fällen, in denen Ressourcen wie Zeit, Energie oder Geld eingesetzt werden müssen.

Und dieser Erfolg begründet sich eben gerade darin, dass ihre Ergebnisse eindeutig und als solche nicht diskutabel sind. Wenn wir mithilfe von Algorithmen eine Frage beantworten oder ein Problem lösen, dann entziehen wir die Frage, das Problem oder die Entscheidung für die Zukunft dem Raum des Politischen. Insofern kann die politische Wirkung algorithmischer Einsätze und Nutzungen auch als entpolitisierend beschrieben werden – nicht, weil die algorithmische Handlung selbst unpolitisch sein könnte (was nicht der Fall ist, wie gezeigt wurde), sondern weil sie die weitere politische Verhandlung ihres Outputs unmöglich macht oder jedenfalls erheblich erschwert.

In vielen einzelnen Fällen ist das völlig unproblematisch: Entscheidungen wie die, wie ich den schnellsten Weg zum nächsten Geldautomaten, die ideale Partnerschaft oder die effizienteste Steuerung für meinen Rasenmäher finde, bedürfen wohl keiner Politisierung. Wenn Algorithmen allerdings so weit ausgreifen, dass ihre Logiken mit anderen möglichen Logiken und Ordnungsvorstellungen konkurrieren, dann greifen sie politisch ein – dann stellen Algorithmen dem politischen Diskurs, politischen Handlungen, politischen Entscheidungen die Logik der Berechnung, die Logik der Eindeutigkeit gegenüber. Algorithmen sind also auch gerade darin politisch, dass ihre Wirkungen politischer Befragung unzugänglich sind, dass sie

Handlungen, Entscheidungen, Kommunikation und damit zusammenhängende soziale Formierungen entpolitisieren.

Algorithmen in diesem Sinne als politisch zu behandeln, bedeutet nicht notwendig schon in einem ersten Schritt, die Frage zu stellen, ob die durch sie entstehende Veränderung, ihr Paradigma der Ordnungsbildung gut oder schlecht ist, sondern: ihre Anwesenheit und ihre Möglichkeit als Gegebenheit einzubeziehen, wenn wir uns mit der politischen Urfrage auseinandersetzen, wie wir Beziehungen zwischen Menschen gestalten wollen.

Dies wiederum betrifft immer zwei Ebenen: Es geht sowohl um die Zielvorstellung als auch um Verfahren und Wege, dieses Ziel zu erreichen. Wie sollen die Beziehungen zwischen den Menschen aussehen, und wie wäre dies in die Realität umzusetzen? In beiden Hinsichten müssen die Möglichkeiten und Anforderungen algorithmisch strukturierter Techniken durchdacht werden. Um sich diesen Fragen überhaupt nähern zu können, gilt es deshalb zunächst, noch genauer zu verstehen, wie die spezifische Politik der Algorithmen aussieht, wie Algorithmen also auf die Möglichkeiten, soziale Ordnung zu gestalten, einwirken.

Politik der Algorithmen

Die bisherigen Überlegungen haben gezeigt, dass die Politizität der Algorithmen vor allem darin besteht, die Räume des Politischen, also jene Räume, in denen zwischenmenschliche Beziehungen gestaltet werden können, zu verengen. Oder anders ausgedrückt: Die Politik der Algorithmen ist wesentlich eine Politik der Entpolitisierung.

Algorithmen stellen der Aushandlung, den einander widersprechenden Anordnungen von Interessen, Gruppen und Personen, dem Diskurs und dem Zusammenhang von Willensbildung und Selbstbestimmung eine Logik der Berechnung gegenüber. Die Logik der Berechnung geht Hand in Hand mit einer Logik der Eindeutigkeit: Maschinelle Berechnungen erzeugen einen Output, der unter den Bedingungen des jeweils verwendeten Codes eindeutig bestimmt ist.

Wie lassen sich nun vor dem Hintergrund dieser Beschreibung die politischen Dimensionen von Algorithmen genauer fassen? Wie zeigt sich die algorithmische Entpolitisierung? In welchen Beziehungen steht sie zu (herkömmlichen) politischen Grundbegriffen? Welche bestimmte Form der Politik kommt mit den Algorithmen in die soziale Welt?

Eine Schwierigkeit dabei, diesen Fragen näher zu kommen, liegt darin, den Status dieses Politischseins von Algorithmen zu fassen. Schließlich sind Algorithmen eben keine politischen Akteure mit einem bestimmten Programm. Können wir also überhaupt von einer Politik der Algorithmen sprechen, wie wir etwa von der Politik von Margaret Thatcher (1925–2013), Barack Obama (* 1961) oder

Wladimir Putin (* 1952) sprechen? Um diese Frage zu beantworten, müssen wir zunächst genauer bestimmen, was es bedeutet, von der Politik von jemandem zu sprechen. Und das ist nicht ganz so einfach. Denn die Rede von ›der Politik‹ bezieht sich typischerweise auf ein ganzes Feld bzw. ein Konglomerat von Inhalten, Verfahrensweisen, Formen und Stilen politischer Handlungen und Entscheidungen, ohne dass die jeweilige Gewichtung und das Zusammenspiel des Verhaltens auf verschiedenen Ebenen auf eine allgemeine Weise zu definieren oder zusammenzufügen wäre. Andererseits liegt in dieser begrifflichen Unschärfe die Chance, die politischen Dimensionen von Algorithmen zu erschließen, ohne lediglich nach bereits feststehenden Zusammenstellungen von relevanten Aspekten zu suchen.

Drei Stränge sollen im Folgenden als zentrale Momente einer Politik der Algorithmen herausgefiltert werden, nämlich *Prognose*, *Kalkül*, sowie *Form/Verfahren*. Diese drei Stränge verlaufen quer zu den Achsen, entlang derer sich typischerweise politisches Handeln formiert – also zu inhaltlichen Fragen oder Verfahrensfragen, Handlungsformen. Prognose, Kalkül und Form/Verfahren bilden dabei keine systematischen Pfeiler einer neu entstehenden Ordnung, sondern bündeln jeweils politische Dimensionen, die inhaltlicher, prozeduraler oder formaler Art sein können. Die Bündelung erlaubt zunächst, die Vielfältigkeit algorithmischer Politizität zu beobachten, und formuliert auf diese Weise gleichzeitig einen Vorschlag, die Politik der Algorithmen spezifisch zu fassen. Es geht also darum, zu beschreiben, was den politischen Einsatz der Algorithmen ausmacht, weniger darum, vorauszusehen, wie dieser

Einsatz zukünftig politische Ordnungen verändern könnte. Denn in der Zukunft wird es vor allem um die Frage gehen, wie wir mit diesen Möglichkeiten und Eigenschaften der Politik der Algorithmen umgehen, wie wir Algorithmen politisch behandeln wollen. Nicht zuletzt wird die Zukunft algorithmischer Politik davon abhängen, wie wir diese Frage beantworten sowie ob und wie wir diese Antworten umsetzen.

Wie wir Algorithmen politisch behandeln wollen, ist sowohl eine institutionelle als auch eine allgemeine Frage an uns alle: Jede Politik der Algorithmen spielt sich in einem Raum ab, der von den Möglichkeiten und Angeboten bzw. Affordanzen des Designs und der tatsächlichen Nutzung der Algorithmen aufgespannt wird. Jeder Umgang mit ihr kann und muss deswegen an beide Punkte anknüpfen. Institutionell lassen sich Design-Anforderungen und auch Rahmenbedingungen der Nutzung von Algorithmen (etwa durch gesetzliche Vorgaben) regulieren. Über die Nutzung selbst wiederum lässt sich die Einschreibung ihrer Logiken in die soziale Welt regulieren. Mit anderen Worten: Davon, wie und in welcher Form wir algorithmische Angebote heranziehen, hängt auch ab, wie sich Algorithmen in die soziale Welt einschreiben und damit politisch wirksam werden können. Umgekehrt können wir unsere Nutzung und unseren politischen Umgang mit der Politik der Algorithmen nur dann beurteilen und diskutieren, wenn wir die Politik der Algorithmen verstehen und beschreiben können.

Ein großer Teil aller im Einsatz befindlichen Algorithmen wird nicht allein dazu genutzt, Muster zu erkennen, Daten zu klassifizieren oder Regressionsanalysen vorzunehmen, sondern Prognosen über zukünftige Entwicklungen, Verläufe, Handlungen oder Entscheidungen zu erstellen – zur algorithmischen Analyse von Daten tritt entsprechend immer eine Voraussage, eine prognostische Wendung hinzu. Algorithmen haben nämlich sehr häufig voraussagende bzw. prädiktive Funktionen, lernende Algorithmen leiten sich in der Prognosenbildung sogar selbst an. Das kann so weit gehen, dass sie lernen, die für eine gute Prognose relevanten Kriterien eigenständig aus einem Datensatz herauszufiltern. In diesem Zusammenhang wichtig ist der Begriff ›explainable artificial intelligence‹ (EAI): Nur in Ausnahmefällen ist es möglich, die entwickelten Kriterien nachträglich – und dabei wiederum: notgedrungen algorithmisch – transparent und damit die künstliche Intelligenz in einem begrenzten Sinne erklärbar zu machen.

Beispielsweise können lernfähige Algorithmen mit großer Genauigkeit die Sterblichkeit von Krankenhauspatient*innen bzw. die Wahrscheinlichkeit einer Wiederaufnahme nach einem Krankenhausaufenthalt vorhersagen. Legal-Tech-Firmen können mithilfe neuronaler Netze das Klagerisiko bzw. die Erfolgswahrscheinlichkeit von Klagen im Zusammenhang mit Fluggastrechten vorhersagen. Algorithmen können auch Prognosen zum Kundenverhalten machen – ein großer Modeversandhändler etwa analysiert die abgebildete Kleidung auf hochgeladenen privaten Fotos in sozialen Netzwerken, um Voraussagen darüber zu machen, welche Kleidungsstücke Kunden kaufen würden, und platziert entsprechend individualisierte Werbung.

Der Blick in die Zukunft

Zunächst ist gut zu erkennen, dass der sich verbreitende Einsatz von Algorithmen die Art und Weise, wie wir die Welt wahrnehmen, prägt: Prognosen sagen Zukünftiges vorher, damit strukturieren sie unseren Blick in die Zukunft. Unter den Bedingungen der Prognostizierbarkeit nehmen wir Zukunft nicht als vollkommen offen, sondern als Anordnung von Wahrscheinlichkeiten wahr. Eine über Prognosen vorgestellte Zukunft unterscheidet sich recht deutlich von Zukunftsvorstellungen, die normativ geprägt sind: »Wie werden die Dinge sich entwickeln?« ist eine fundamental andere Frage als »Wie wollen wir, dass die Dinge sich entwickeln?«.

Beide Fragestellungen müssen nicht notwendig miteinander konkurrieren. Beispielsweise lässt sich die erste Frage in die zweite Frage einbeziehen: Wir können etwa danach fragen, welche Zukunft wir wollen. Nach Beantwortung der Frage können wir für den Weg zur Umsetzung unserer Vorstellungen Analysen und Prognosen darüber erstellen, wie die Dinge verlaufen werden, wenn wir nicht oder auf eine bestimmte Weise eingreifen.

Problematisch wird es dann, wenn wir die Fragestellungen vermischen, wenn wir also etwa eine Antwort auf die Frage, welche Zukunft wir wollen, allein mit einer Antwort auf die erste Frage – jener nach einer Prognose der Zukunft – beantworten. Dann treten beide Fragestellungen zueinander in Konkurrenz. Eine ähnliche Spannung würde sich ergeben, wenn die politische Diskussion um die Frage danach, wie wir uns die Zukunft vorstellen wollen, von der prognostischen Logik beherrscht wird. Beide Fälle lassen sich mit dem Vordringen der Algorithmen in der sozialen Welt beobachten. Sie werden politisch wirksam und damit brisant, weil sie die Art und Weise, wie wir politische Freiheit gebrauchen und verstehen, verändern – nicht in einem revolutionären Prozess, sondern nach und nach bzw. inkrementell.

Solche Überlagerungen prognostischer und normativer Blicke lassen sich beispielsweise an einem politisch recht unverfänglichen Fall illustrieren: der Texterkennung auf dem Smartphone. Wenn wir Textnachrichten schreiben, bekommen wir häufig Vorschläge für Wörter, die wir verwenden könnten. Diese Vorschläge beruhen auf algorithmisch erstellten Prognosen darüber, welche Wörter wir in ähnlichen Zusammenhängen typischerweise verwenden. Meine eigene Bewertung davon, welches Wort ich in einer Textnachricht für passend halte, ändert sich gar nicht so selten, wenn beim Schreiben ein prognostischer Vorschlag kommt. Gewöhne ich mich an die Übernahme solcher Vorschläge, verlasse ich mich allmählich immer selbstverständlicher, schneller und weitreichender auf die Wortvorschläge.

Ähnliches lässt sich in einem ganz anderen, politischen Zusammenhang beobachten – etwa in der Covid-19-Krise: Die politische Frage, auf welche Weise wir Leben schützen, welche Grundrechtseingriffe wir wie und zu welchem Zweck rechtfertigen, ist allmählich immer häufiger mit prognostischen Einschätzungen beantwortet worden: Der sogenannte R-Wert, die Reproduktionszahl, die angibt, wie viele Menschen sich innerhalb einer bestimmten Zeitspanne mit dem Virus infizieren, ist zum Parameter politischen Handelns geworden. Eine statistische Obergrenze (von Neuinfektionen) und nicht etwa eine immer wieder neu vorzunehmende, viele Aspekte einbeziehende normative Abwägung, gibt wiederum an, ob Grundrechtseingriffe vorgenommen werden oder nicht. Im Zusammenhang mit Algorithmen geschehen solche prognostischen ›Übernahmen‹ von Entscheidungsprozessen meist beiläufig und vielfältig – bei Kaufentscheidungen und bei Wahlentscheidungen, bei Fragen der Navigation oder bei der Frage, welchen Film ich mir auf einem Streamingportal ansehe.

Es muss deutlich gesagt werden: Algorithmen verbieten uns weder, noch machen sie es uns unmöglich, eigene Vorstellungen davon zu entwickeln, wie wir die Zukunft gestalten wollen. Indem sie aber eine Welt beschreiben, die sich prognostisch aus der Vergangenheit errechnet, indem sie Handeln als sozial beobachtbares und in Datensätze übersetzbares Verhalten fassen, indem sie uns ständig, überall und mit großer Überzeugungskraft dazu einladen, auf neue, abweichende und überraschende Urteile zu verzichten, marginalisieren Algorithmen die Möglichkeiten, soziale Welt zu gestalten, indem wir von politischer Freiheit Gebrauch machen. Oder umgekehrt und zugespitzt gefasst: In einer idealen Vorstellung algorithmischer Welterzeugung ist politische Freiheit überflüssig, weil die Zukunft sich prognostisch auf bessere (effiziente, neutrale) Weise herstellen lässt.

Die politische Vorstellungskraft aller Mitglieder in demokratischen Systemen ist eng mit der Technik der Gesetzgebung verknüpft: Das demokratische Volk, der *demos*, findet in Prozessen politischer Willensbildung zu Entscheidungen darüber, wie die soziale Welt, aber auch wie institutionelle Ordnungen gestaltet sein sollen. Die entsprechenden Vorstellungen werden in legislativen Verfahren in Gesetze gegossen, also in Bestimmungen darüber, was sein und was nicht sein soll. Auf diese Weise wird sowohl menschliches als auch institutionelles Verhalten gesteuert. Der Begriff ›Steuerung‹ ist dabei nicht wörtlich zu verstehen: Gesetze zwingen mich nicht, auch wenn mir, sollte ich mich anders als geboten verhalten, möglicherweise Sanktionen drohen. Mein Handeln bleibt in Bezug auf die Vorgaben letztlich frei und selbstbestimmt. Gesetze können normative Vorstellungen einer Gesellschaft nicht nur festhalten, sondern auch beeinflussen: Das Nichtraucherschutzgesetz veränderte die gesellschaftliche Akzeptanz bestimmter Handlungsweisen entsprechend den gesetzlichen Linien.

Auch der Nachweis von Gesetzmäßigkeiten (etwa dann, wenn wir die Natur betrachten) prägt unsere Vorstellungskraft. Allerdings, und dieser Unterschied ist bemerkenswert, konzentrieren wir uns bei der Betrachtung der Natur auf etwas, das ist. Gesetzmäßigkeiten beschreiben zunächst beobachtete Zusammenhänge aus der Vergangenheit. Über die Zukunft erlauben sie lediglich prognostische Aussagen, und in normativer Hinsicht gar nichts: Beobachtete Gesetzmäßigkeiten in der Natur oder im sozialen Verhalten sagen zunächst nichts darüber aus, ob etwas gut oder schlecht, richtig oder falsch ist. Der schottische Philosoph David Hume (1711–1776) führte aus, dass der Schluss von deskriptiven Aussagen (»Etwas ist so und so«) auf Sollensaussagen (»Etwas soll so und so sein«) logisch ausgeschlossen sei:

> In jedem Moralsystem, das mir bisher vorkam, habe ich immer bemerkt, dass der Verfasser eine Zeitlang in der gewöhnlichen Betrachtungsweise vorgeht, das Dasein Gottes feststellt oder Beobachtungen über menschliche Dinge vorbringt. Plötzlich werde ich damit überrascht, dass mir anstatt der üblichen Verbindungen von Worten mit »ist« [is] und »ist nicht« [is not] kein Satz mehr begegnete, in dem nicht ein »sollte« [ought] oder »sollte nicht« [ought not] sich fände. Dieser Wechsel vollzieht sich unmerklich; aber er ist von größter Wichtigkeit. Dies »sollte« oder »sollte nicht« drückt eine neue Beziehung oder Behauptung aus, muss also notwendigerweise beachtet und erklärt werden. Gleichzeitig muss ein Grund angegeben werden für etwas, das sonst ganz unbegreiflich scheint, nämlich dafür, wie diese neue Beziehung zurückgeführt werden kann auf andere, die von ihr ganz verschieden sind. Da die Schriftsteller diese Vorsicht meistens nicht gebrauchen, so erlaube ich mir, sie meinen Lesern zu empfehlen; ich bin überzeugt, dass dieser kleine Akt der Aufmerksamkeit alle gewöhnlichen Moralsysteme umwerfen [...] würde.[7]

An solchen Stellen liegt ein Sein-Sollen-Fehlschluss (von »is« zu »ought«) vor, was unbedingt vermieden werden muss (diese Aussage versteht man als Hume'sches Gesetz).

Was bedeutet das für den vorliegenden Zusammenhang? Ein demokratisch beschlossenes Rechtsgesetz und beobachtete Gesetzmäßigkeiten stehen also als zu unterscheidende Ansätze normativer, auf die Zukunft bezogener bzw. deskriptiver, auf die Vergangenheit bezogener Weltbeschreibung einander gegenüber. Algorithmen, so meine These, stellen diese Unterscheidung in Frage und verändern dadurch die Art und Weise, wie wir politische Freiheit gebrauchen. Sie tun das (noch) nicht, indem sie explizit dazu verwendet werden, etwa jene politische Willensbildung, die sich in Gesetzgebungsverfahren vollzieht und in Gesetzen ihren Ausdruck findet, zu steuern. Mit anderen Worten: Algorithmen werden (bislang) nicht dafür eingesetzt, gesetzgebende bzw. legislative Prozesse zu ersetzen. Sie ersetzen die Logik des Gesetzes jedoch an einer anderen Stelle durch die Logik der Gesetzmäßigkeit, die sie mit Prognosenbildung verbinden: Sie setzen gewissermaßen von hinten an, nämlich bei der Anwendung von Gesetzen.

Wie kann das sein? Die Form des Gesetzes dient nicht nur als Ausdruck normativer Entscheidungen, sondern ist auch auf ihre Anwendung gerichtet. Diese Anwendung vollzieht sich urteilend: Lebenssachverhalte werden – in der Sphäre des Rechts – im Hinblick auf Gesetze beurteilt, auch Verwaltungsentscheidungen enthalten Urteile, die besondere Fragen des Einzelfalls mit den allgemeinen Regelungen der Gesetze in Ausgleich bringen, und politisches Handeln, das den gesetzlichen Rahmen, etwa des Wahlrechts, nicht verlassen will, setzt Urteile voraus. Diese Urteile sind dann, und zwar auch dann, wenn sie nicht von Gerichten gefällt werden, immer juridische Urteile, denn sie enthalten eine Aussage darüber, ob etwas recht oder unrecht im Sinne des Gesetzes ist. Zu urteilen bedeutet in diesem Sinne immer (in Anlehnung an die Kantische Bestimmung), etwas Besonderes als in einem Allgemeinen enthalten zu denken, also etwa einen konkreten Fall, eine konkrete Konstellation, die entsprechend einem Gesetz als recht oder unrecht bewertet wird. Diese Form, das Urteil, ist keine nebensächliche Folge der Form des Gesetzes, sondern sie bildet die Voraussetzung dafür, dass wir Demokratie und Autonomie zusammendenken können, dafür also, dass wir jene Idee politischer Freiheit zugrunde legen können, die ich oben beschrieben habe. Denn ohne die Notwendigkeit des Urteils für die Anwendung eines Gesetzes könnten wir uns möglicherweise vorstellen, dass Gesetze demokratisch zustande kommen, müssten sie aber gleichzeitig als Automatismen, die uns maschinengleich steuern, denken, jedenfalls aber als Operatoren, die mit den demokratischen Verfassungen zugrunde liegenden Vorstellungen von Autonomie nicht vereinbar sind. Urteile dagegen erlauben unseren jeweiligen subjektiven Einsatz – sie ermöglichen, unsere jeweiligen Entscheidungen oder Handlungen zu einem politisch gewonnenen und rechtlich geronnenen Gesetz in Beziehung zu setzen.

Algorithmen ersetzen solche Urteile unmittelbar. Ihr Einsatz geht davon aus, dass Entscheidungen, die aus in Datensätzen erkennbaren Gesetzmäßigkeiten hervorgehen, besser, schneller, effizienter oder sogar: neutral sind und sich damit von unseren gefällten Urteilen gerade unterscheiden. Schließlich fällen wir Urteile immer subjektiv und nicht notwendig besonders effizient, geschweige denn schnell. Für eine Politik der Algorithmen ist Gesetzgebung nur die zweitbeste Lösung, Verhalten zu steuern. Subjektive Urteile sind aus dem Blickwinkel von Algorithmen nicht notwendig, um individuelle Handlungsentscheidungen zu treffen. Und das ist eine Wende von kopernikanischem Ausmaß: Das Verhältnis von Politik und Recht verändert sich grundlegend.

Politische Willensbildung

Der dritte Aspekt der Überschreibung der Urteilskraft durch die Logik der Prognose knüpft schon sehr viel länger an Algorithmen an, nicht erst, seitdem wir Algorithmen in Zusammenhang mit Techniken künstlicher Intelligenz stellen: Er betrifft die politische Willensbildung. Dieser Aspekt zeigt, wie jene Logik der Prognose sich nicht nur im Handeln, sondern gerade in der Art und Weise, wie politischer Wille gebildet wird, niederschlägt. Es geht hier allerdings weniger um eine lückenlose Beweisführung, als darum, einen Zusammenhang sichtbar zu machen, der exemplarisch zu zeigen vermag, wie die Logik der Prognose politische Wirksamkeit entfaltet und gleichzeitig die Wirksamkeit anderer Techniken an den Rand drängt.

Worum geht es genau? Dieser Prozess zeigt sich eindrücklich daran, wie politische Parteien an der politischen Willensbildung des Volkes mitwirken (so fasst Art. 21 Abs. 1 des Grundgesetzes die Aufgabe der politischen Parteien zusammen). Die besondere Stellung der Parteien wird so gerechtfertigt: Sie sind in ihrer Tätigkeit umfassend von der Verfassung geschützt, erhalten Zugang zu öffentlichen Einrichtungen, haben Anspruch darauf, Wahlwerbung im öffentlich-rechtlichen Rundfunk zu platzieren und werden staatlich finanziert. Ihre Aufgabe ist dabei durchaus programmatisch zu verstehen: Sie entwickeln Partei- und Wahlprogramme, organisieren die personelle Praxis des Wahlrechts, bündeln Meinungen und agieren politischen Diskurs aus. Auf diese Weise kanalisieren und konzentrieren sie den Prozess politischer Willensbildung in einem großen (dezentralen) demokratischen System, dem ein Marktplatz wie im alten Athen bzw. die Agora als Versammlungsort und Forum des Austausches politischer Meinungen nicht ausreichen kann.

Seit etwa der ersten Hälfte des 20. Jahrhunderts, verstärkt dann seit der zweiten Hälfte, kann nicht nur die Öffentlichkeit, sondern können auch Parteien auf Wahlprognosen zurückgreifen. Sie können also von der spezialisierten Meinungsforschung Vorhersagen darüber erhalten, wie viele Prozentpunkte welche Partei bei einer anstehenden Wahl erwarten darf, und zwar über die gesamte Legislaturperiode immer wieder, mit einigen Ausnahmen in den Tagen unmittelbar vor der Wahl (in Deutschland allerdings ist die Veröffentlichung einer letzten Prognose nur am Wahltag bis jeweils 18 Uhr beschränkt). Wenn in jüngerer Zeit, insbesondere im Zusammenhang mit der US-amerikanischen Präsidentschaftswahl im Jahr 2016, Wahlprognosen als solche kritisiert werden, dann gilt diese Kritik eher deren Ungenauigkeit als ihrer Veröffentlichung oder ihres Einflusses. Mit anderen Worten: Sie sind als Instrument der Politik in westlichen Demokratien weitgehend etabliert. Allerdings würde man ihre Funktion unterschätzen, wenn man sie lediglich als Informationsinstrument einordnete. Wahlprognosen bieten gerade den Parteien Anlass, ihre Programmatik im Hinblick auf prognostizierte und befürchtete Ergebnisse anzupassen. Es lässt sich nicht nur vereinzelt beobachten, dass die Ausrichtung der Inhalte, die Entscheidung in Einzelfragen unter Verweis auf Prognoseergebnisse begründet und die Ausrichtung auch entsprechend verändert wird. Prognostizierte Wahlergebnisse werden auf diese Weise zum politischen Argument. Es ist von der Prognose induziert und von der Befürchtung geleitet, Wähler*innen zu vergraulen. Diese Denkweise ist Ausdruck einer Verschiebung der Arbeit politischer Parteien weg von der Idee der Mitwirkung an der politischen Willensbildung hin zum Ziel, Wahlerfolg zu haben bzw. Stimmenverluste zu vermeiden.

Beide Denkweisen können nicht exakt und sauber voneinander getrennt werden, denn auch eine Partei, die den politischen Diskurs durch programmatische Impulse produktiv beeinflusst, muss das Ziel, ihr Programm auch mit Regierungsauftrag umzusetzen, immer mitdenken und entsprechend vorbereiten. In den Blick rückt entlang dieser Entwicklung eher die Akzentverschiebung: Wenn ein Prognoseergebnis zum politischen Argument wird, dann jedenfalls hat eine in demokratischer Hinsicht bedenkliche Umkehrung der Abfolge von Programmentwicklung und der Werbung um Stimmen für dieses Programm hin zu einer Abwehr von Stimmverlusten als Leitlinie der Programmentwicklung stattgefunden. Damit wird die Wahl zum Selbstzweck und die Arbeit der Parteien nicht als Mitwirkung an einer politischen Willensbildung, sondern als hochsensible Messung, fast schon als Seismografie und Reaktionsmechanismus für prognostizierte Wahlergebnisse verstanden. Die Idee, dass politischer Wille in einem öffentlichen Diskurs, von Parteien akzentuiert, gebündelt und strukturiert, laufend entwickelt werden muss, bekommt dadurch Risse. Wähler*innen werden durch die Logik von (programmatisch oft wenig verankerten) Wahlversprechen, Wahlwerbung und Wahlprognosen zu Nutzer*innen oder Konsument*innen.

Die Logik der Prognose schreibt sich mit Algorithmen durchdringend in politische Formierungen und Handlungsweisen ein. Sie läuft darauf hinaus, individuelle oder zusammengeführte politische Urteilsbildung durch Prognosen zu ersetzen oder zu strukturieren. Sie wirkt also insofern entpolitisierend. Auf diese Weise werden Räume politischer Freiheit verengt, unterliegen Verfahren politischer Willensbildung neuen Argumentationslogiken und verändert sich das Verhältnis von Politik und Recht. Noch einmal sei betont, dass diese Beobachtungen keine unmittelbare Folge von Algorithmen als solchen sind, sondern gleichermaßen aus der Art und Weise und aus der Ubiquität ihres Einsatzes resultieren.

Kalkül und Diskurs: eine andere Mündigkeit

Politisches Kalkül ist kein neues Element politischen Handelns und Denkens, ganz im Gegenteil: Berechnendes, strategisches Vorgehen ist notwendiger Bestandteil des Politischen. Denn jede Politik verfolgt legitimer- und notwendigerweise das Ziel, zu überzeugen und sich durchzusetzen. Demokratische Politik muss dem Kalkül allerdings noch etwas anderes an die Seite stellen: Sprache und Diskurs ermöglichen es durch ihre Lebendigkeit, dass alle Menschen mündige Bürger*innen sein können. Für eine demokratische Politik wird das Kalkül nur oder erst dann zum Problem, wenn es den politischen Diskurs, der eigentlich verschiedenste Perspektiven, Meinungen und Argumente in Kontakt und Austausch bringen soll, derart dominiert, dass von der Mündigkeit der Bürger*innen oder ihrer repräsentativen Vertreter*innen eigentlich keine Rede mehr sein kann. Drei Skizzen sollen zeigen, inwiefern die Algorithmisierung der sozialen Welt mit ihrer Logik der Berechnung die Tendenz besitzt, die Mündigkeit der Menschen zu unterhöhlen – oder anders gesagt: Sie sollen umreißen, inwiefern uns Algorithmen dazu verführen, mit unserer eigenen Mündigkeit gar nicht erst zu rechnen.

Die Überzeugungskraft des Kalküls

Algorithmen berechnen. Indem wir sie benutzen, lassen wir uns in der Regel von ihrem Ergebnis oder Output überzeugen. Warum sollten wir sie auch sonst überhaupt verwenden? Und in den meisten Fällen sind ihre Ergebnisse besser, schneller zur Hand und deutlicher als jene, die Menschen erarbeiten könnten. Doch hier gilt es, einen Einwand zu bedenken: Algorithmen berechnen die Lösungen klar definierter Probleme. Wenn diese Probleme in den Bereich sozialer Kommunikation fallen oder Entscheidungen lebensweltlicher Fragestellungen betreffen, sind Algorithmen menschlicher Urteilskraft nur dann in ihren Ergebnissen überlegen, wenn diese Probleme selbst nicht normativer Art sind, und zwar aus einem einfachen Grund: Normative Fragestellungen lassen sich nicht klar definieren. Die Antwort auf die Frage etwa, was ein gutes Leben bedeutet, lässt sich genauso wenig berechnen wie die Antwort auf die Frage, welche Informationen und Äußerungen mich mehr interessieren als andere.

Und doch setzen wir in nicht unbeträchtlichem Maße Algorithmen ein, um praktische Antworten auf solche Fragen zu finden. Beispielsweise lassen wir uns Posts oder Tweets in sozialen Medien algorithmisch sortieren. Algorithmen geben uns also vor, was wir lesen, sehen, hören und was nicht oder nur quasi im Vorbeigehen. Eine vielgenutzte Meditationsapp lässt ihre Nutzer*innen durch in Zeitpunkt und Inhalt algorithmisch gesteuerte Nachrichten wissen, wann sie meditieren müssen, um ein gutes Leben zu führen. Also doch? Können Algorithmen doch erkennen, was uns wichtig ist, was uns ein gutes Leben bedeutet? Warum ist dieses Vorgehen erfolgreich?

Zwar finden Algorithmen trotz allem keine Antworten auf die erwähnten Fragen. Doch sie bieten uns konkrete, spezifische Antworten auf Aspekte dieser Fragen an – Antworten, die berechnet werden und die auch berechnet werden können, weil sie nicht die normative Ebene selbst betreffen, sondern mögliche Kriterien, die unsere jeweilige Antwort auf eine normative Frage bestimmen. Die Meditationsapp legt nahe, dass es ein Baustein für ein gutes Leben ist, täglich zehn Minuten zu meditieren, das soziale Netzwerk übernimmt es für mich, all die Äußerungen herauszufiltern und zu ordnen, die für mich interessant sein könnten, und schlägt mir eine konkrete Lesereihenfolge vor. Kurz: Diese Mechanismen sind deshalb so überzeugend, weil sie mir mein Denken und Leben bequem machen. Sie erlauben mir, meinen Interessen zu folgen oder mich gut zu fühlen, ohne dass ich mich auf die schwierige Suche nach Antworten auf die normativen Fragestellungen danach, was gut ist oder was schlecht ist, begeben müsste. Anders gesagt: Algorithmen erlauben uns, von unserer Mündigkeit keinen Gebrauch zu machen, ohne uns unmündig zu fühlen – denn jede Entscheidung bleibt (anscheinend) doch unsere eigene.

Das Berechnende der Algorithmen fasziniert uns möglicherweise, jedenfalls überzeugt es in der Anwendung, im Gebrauch. Der Gebrauch von Algorithmen bedeutet allerdings umgekehrt immer auch, unsere Mündigkeit jeweils nicht zu gebrauchen.

Die Berechnung der Sprache

Zu dieser Ermüdung des Mündigseins tritt hinzu, dass Algorithmen an einem ganz anderen Ort zum Einsatz gelangen, der seinerseits von zentraler Bedeutung für die Rolle des Kalküls in der Politik ist, nämlich der Sprache. Sprache ermöglicht erst die Mündigkeit der Bürger*innen – und das ist hier ganz wörtlich gemeint. Wer in einem weiten Sinne sprechen kann, verfügt über seine Mündigkeit, weil Sprache gleichzeitig Ausdruck und Zugriff auf die Vernunft ermöglicht. Sprache ist lebendig und lässt sich zwar ideologisch überformen, hält aber immer die Möglichkeit bereit, dieser Überformung in der Sprache wiederum entgegenzutreten. Wir können im Sprechen der Sprache etwas hinzufügen und uns in sie »hineinspinnen«, wie Wilhelm von Humboldt anmerkt:

> Durch denselben Act, vermöge welches der Mensch die Sprache aus sich heraus spinnt, spinnt er sich in dieselbe hinein […].[8]

Mit der technischen Entwicklung tritt zur Lebendigkeit der Sprache allerdings eine neue Qualität hinzu: Unsere Sprache wird algorithmisch verändert.

Wir behandeln Sprache auf ganz vielfältige Weise mithilfe von Algorithmen. Algorithmen werten nicht nur Worthäufigkeiten von Texten aus, strukturieren und kategorisieren sie, sortieren Äußerungen in Hinblick auf Aggressivität, auf einzelne Gehalte oder auf bestimmte Stichworte hin. Algorithmen erlauben auch Spracherkennung und produzieren neben Stimmen auch sprachliche Äußerungen – schriftlich oder mündlich. Viele Texte werden inzwischen bereits vollständig maschinell erstellt. In sozialen Netzwerken können wir manchmal noch ganz gut, oft aber auch nicht mehr erkennen, ob eine Äußerung von einem Menschen oder einem Social Bot stammt. Viele telefonische Dienstleistungen lassen uns mit einem künstlichen Gegenüber ins Gespräch kommen.

Alle diese Einsätze zeigen an, dass nicht nur Menschen, sondern auch Algorithmen sich in die Sprache hineinspinnen. Sie können das allerdings nicht mit Witz, Schöpfungskraft und Einfallsreichtum, sondern wiederum nur berechnend tun. Algorithmen verstehen Sprache nicht, sondern berechnen ein Verstehen, indem sie es quantifizieren. Auf diese Weise wird Sprache zu einem anderen, zu einem nichthermeneutischen Verstehen.

Wenn Sprache jedoch algorithmisch gebraucht wird, greift dieser Gebrauch auf nichthermeneutisches Verstehen zurück. Weil Sprache sich aber nur im Gebrauch entwickelt und umgekehrt jeder Sprachgebrauch Sprache entwickelt, Menschen in vielfältigen sprachlichen Kommunikationsverläufen mit Algorithmen Gespräche führen, können wir lebendige Sprache und algorithmische Sprache nicht mehr voneinander trennen.

Wenn aber die Lebendigkeit der Sprache es erst ermöglicht, dass Menschen zu mündigen Bürger*innen werden, wenn die emanzipatorischen Potenziale der Sprache mit ihrer Lebendigkeit verbunden sind, dann hat die Algorithmisierung der Sprache Auswirkungen auf unsere Möglichkeiten, mündig zu sein. Diese Auswirkungen genau zu bestimmen, ist jedenfalls im Moment kaum möglich. Man kann jedoch durchaus schon jetzt eine Folge der berechnenden Art und Weise der Algorithmen ausmachen: Da die Berechnung entsprechend der Struktur von algorithmischer Output-Produktion einen Input voraussetzt, der aus Daten über vergangenen Sprachgebrauch erzeugt wird, wird sie der Tendenz nach kaum zur Bewegung der Sprache, sondern zur Verfestigung jeweiliger sprachlicher Repertoires beitragen. Weil die emanzipatorischen Potenziale der Sprache und damit die Möglichkeit zur Mündigkeit gerade darin liegen, dass Sprache offen ist für neuen, anderen Gebrauch, kann die Algorithmisierung der Sprache jedenfalls nicht dazu beitragen, die Mündigkeit zu ermöglichen.

Die Herausbildung neuer Öffentlichkeiten

Es ist offensichtlich, dass im Zusammenhang mit der Digitalisierung und der Herausbildung sozialer Medien neue Formen von Öffentlichkeit, neue Öffentlichkeiten, entstehen. Die technischen Möglichkeiten, unmittelbar große Publika für Äußerungen zu gewinnen, vom privaten Smartphone aus Äußerungen öffentlich zu machen, Foren unabhängig von örtlicher und räumlicher Gebundenheit sehr schnell zu bilden, erlauben es, dass sich diverse Öffentlichkeiten konstituieren. Weil die Möglichkeiten der Verbreitung digitale Kommunikation von einer schlichten Unterscheidung in Anwesenheits- und Abwesenheitskonstellationen entkoppeln, lässt sich Öffentlichkeit auch zeitlich entgrenzt denken: Entlang zeitlich und räumlich an vollkommen verschiedenen Punkten verorteter Beteiligter von kommunikativen Prozessen entwickeln sich Öffentlichkeiten auch jenseits bereits bestehender sozialer Zusammenhänge. Ich muss nicht unbedingt persönlich zu einer Mitgliederversammlung erscheinen und mich auf einer Anwesenheitsliste eintragen, um mich in den nächsten Stunden und nur dann an einer Diskussion zu beteiligen, sondern kann das jederzeit und von überall her tun. Und gleichzeitig gibt es weiterhin Treffen in Anwesenheit, moderierte Diskussionen und zeitlich fest verortete Versammlungen auf öffentlichen Plätzen. Wir haben es also vor allem mit einer Vervielfältigung der Idee von Öffentlichkeit zu tun.

Diese Vervielfältigung der Idee von Öffentlichkeit hat Auswirkungen auf das Verhältnis von Kalkül und Diskurs, die wiederum mit algorithmischen Einsätzen zusammenhängen. Allerdings stärkt die technische Entwicklung hier sowohl Mündigkeit als auch Kalkülisierung. Die produktiven Möglichkeiten von Twitter etwa für revolutionäre oder Protestbewegungen sind mindestens ebenso eindrücklich wie die vom Diskurs ausschließende Wirkung von Hate Speech oder Shame Storms im selben Medium. Doch lassen sich auch solche Dynamiken aus politischem Kalkül zunutze machen – wie etwa im Falle der US-Präsidentschaftswahl 2016 –, um gezielt auf Wahlkämpfe einzuwirken. Der Wahlkampf zwischen Donald Trump (* 1946) und Hillary Clinton (* 1947) wurde zu einem nicht unerheblichen Teil auf Twitter geführt – hinter vielen Twitter-Accounts der Millionen Follower von beiden steckten wiederum Bots, Roboter, die etwa rassistische oder sexistische Äußerungen suchen und weiterverbreiten können. Dadurch vergrößerten sie die Reichweite und Sichtbarkeit beispielsweise von Trumps häufig entsprechende Sprache verwendenden Tweets und wirkten so auf die politische Meinungsbildung im Wahlkampf ein.

In diesem Zusammenhang zeigt sich ein weiteres, noch etwas anders gelagertes Problem: Nahezu alle Plattformen, die erlauben, digitale Öffentlichkeiten zu konstituieren, sind algorithmisch strukturiert. Dies bedeutet nicht nur, dass aufmerksamkeitsökonomische Kalküle die Sichtbarkeit von Äußerungen in sozialen Medien regulieren, sondern auch, dass der Zugang zu und der Ausschluss von diesen Plattformen algorithmisch gesteuert werden. Ob mein Account von einer Plattform gesperrt wird, hängt etwa wesentlich damit zusammen, wie und in welchen Zusammenhängen ich mich geäußert habe. Die Analyse dieser Äußerungen erfolgt wiederum in großen Teilen algorithmisch – d. h., in aller Regel entscheidet ein Algorithmus, ob mein Account gesperrt wird oder nicht. Die Zugänglichkeit vieler digitaler Öffentlichkeiten hängt also wiederum an berechnenden Operationen. Dies bedeutet allerdings auch, dass die Kriterien für solche Entscheidungen der Berechenbarkeit zugänglich sein müssen. Voraussetzung dafür ist, dass Sprachstrukturen für Algorithmen als solche erkennbar sind. Einzelfallabwägungen dürften entsprechend unwahrscheinlich sein.

Mit anderen Worten: Bei allen Potenzialen, die sich aus digitalen Öffentlichkeiten ergeben, muss man sich immer wieder vor Augen führen, dass sie algorithmisch strukturiert sind – und zwar in Bezug auf alle irgendwie relevanten Aspekte. Partizipation, Dynamik und Äußerungsgehalte folgen der algorithmischen Logik der Berechnung. Digitale Öffentlichkeiten bilden entsprechend keinen freien Diskurs mündiger Bürger*innen ab, sondern kanalisieren Diskurse unter einem jeweiligen algorithmischen Kalkül.

Die Logik des Kalküls unter den Bedingungen der Algorithmisierung steht nicht der Sprache oder dem Diskurs als Ermöglichungsbedingungen für die Mündigkeit der Bürger*innen gegenüber, sondern beide Aspekte sind viel enger miteinander verstrickt, als einige Vorstellungen demokratischer Politik es voraussetzen. Es wäre kurzschlüssig, daraus die Unmündigkeit der Bürger*innen zu folgern und anzunehmen, dass Algorithmen (ganz allgemein) demokratische Politik unmöglich machen. Vielmehr gilt es im Blick zu behalten, dass Algorithmen, indem sie uns dazu verführen, unsere Mündigkeit in vielen Situationen nicht zu gebrauchen – nämlich indem sie an der Sprache teilnehmen und Diskurse wie Öffentlichkeiten strukturieren –, die Art und Weise, wie wir mündig sein können, also: unsere Mündigkeit als solche, verändern. Doch wie kann man nun unter algorithmischen Bedingungen von seiner Mündigkeit Gebrauch machen?

Form, Verfahren und Demokratie: eine andere Verfassung

Die Politik der Algorithmen verändert das Verhältnis von Prognose und Urteil hin zu einer anderen Idee politischer Freiheit; sie verschiebt mit ihrer Logik des Kalküls die Bedingungen des Diskurses als Voraussetzung demokratischer Politik. Daraus resultiert eine andere Art von Mündigkeit. Wie formt die Politik der Algorithmen die Verfahren und Verläufe demokratischer Politik, die die Ausübung politischer Freiheit organisieren und voraussetzen, dass wir als Beteiligte mündig sind?

Formalisierung und Deformalisierung

Verfahren demokratischer Politik, d. h. Verfahren, die von der Bildung des politischen Willens aller Beteiligten über Wahlen bis zum Verwaltungshandeln als einer Umsetzung demokratisch entstandener Normbefehle reichen, haben immer eine Eigenschaft gemein: Sie bringen – ganz allgemein gefasst – formalisierende und deformalisierende Momente miteinander in Verbindung. Auf diese Weise versuchen sie, der Schwierigkeit gerecht zu werden, eine einzige, klar bestimmte politische Entscheidung oder ein konkretes Verwaltungshandeln an ein diverses und veränderliches demokratisches Volk und dessen allgemeine Willensbildungen zurückzubinden. Wahlen sind nicht nur durch den genau definierten Rahmen, innerhalb dessen die einzelne Stimme zählt, bestimmt, sondern auch durch diskursive Willensbildungen im Vorfeld, den Wahlkampf und die parlamentarische Debatte. Im Verfahren der Gesetzgebung wirken wiederum Debatten und formale Lesungen bis hin zu Abstimmungen zusammen. Verwaltungsentscheidungen verbinden die Anwendung von mitunter sehr technisch formulierten Normen mit einem Ermessensgebrauch, der den Zuschnitt von Entscheidungen auf den jeweiligen Einzelfall ermöglicht. Viele Einrichtungen, etwa vom öffentlichen Rundfunk bis zum Bundesgesetzblatt, vom Parlamentsfernsehen bis zur Regierungserklärung, zielen darauf, politische Entscheidungen, so formalisiert ihr Verfahren sein mag, mit einer offenen politischen Debatte zu verbinden.

Formale Verfahren und informaler Diskurs sehen sich nun mit algorithmischen Techniken konfrontiert und werden von ihnen immer stärker geformt. Während z. B. der demokratische Wahlakt selbst vermutlich auch in absehbarer Zukunft jenseits algorithmischer Möglichkeiten strukturiert sein wird, werden es im Zusammenhang mit der Wahl gerade jene eigentlich informalen politischen Momente sein, die einer algorithmischen Formierung unterliegen: Insbesondere der Wahlkampf ist geprägt von den schon genannten Prognosen, doch auch die öffentlichen Diskurse können von algorithmisch strukturierten Einheiten (im Extremfall: von kommunizierenden Bots) strategisch formiert werden. Obamas Wahlkampfteam war in seinen beiden Präsidentschaftswahlkämpfen etwa unter anderem deshalb so erfolgreich, weil es gelang, die Adressen jener Haushalte algorithmisch ausfindig zu machen, deren Mitglieder noch nicht entschieden hatten, wem sie ihre Stimme geben wollen. Und diese konnten dann gezielt angesprochen werden. Ähnlich lässt sich algorithmisch schnell und effizient erheben, wie und wo Wahlwerbung zu platzieren ist, um möglichst gut zu potenziellen Wähler*innen durchzudringen. Weiterhin sind etwa politische Diskurse in sozialen Medien nicht nur durch deren algorithmisch strukturierte Affordanzen geprägt, sondern auch durch eine große Zahl die Diskussion beherrschender algorithmisch operierender Bots, deren Auswirkungen auf die politische Meinungs- und Willensbildung nachgewiesen sind.[9]

Weil Algorithmen ausschließlich nur so operieren können, dass sie Informationen in eine formale Sprache bzw. in einen Code übersetzen, bringt jeder Einsatz von Algorithmen Formalisierung mit sich. Selbst wenn die Ergebnisse, der Output algorithmischer Prozesse, schließlich wieder rückübersetzt, also in natürlicher Sprache zugängliche Formulierungen überführt werden, bleibt der Formalisierungsschritt bestehen: Dieser Schritt bedeutet immer eine (erneute) Verengung der Interpretationsmöglichkeiten eines Ausdrucks. Eine solche Verengung leisten zwar viele Elemente demokratischer Verfahren, indem sie etwa politische Entscheidungen in juristische Sprache gießen. Die Formalisierung der Algorithmen verschiebt allerdings das Verhältnis von formalisierenden und deformalisierenden Momenten in demokratischen Verfahren gerade insofern, als sie auf der Ebene der deformalisierenden Aspekte eingreift. Sie formalisiert also gerade dort, wo informale Prozesse ursprünglich einen Ausgleich zu streng formalen Momenten schaffen sollten. Dieser Ausgleich sollte z. B. dazu dienen, jede Verwaltungsentscheidung an einen niemals eindeutig formulierbaren demokratischen Willen als Legitimationsgrundlage zurückzubinden. Wenn also, um ein anderes Beispiel zu nennen, eine algorithmisch operierende Software den Finanzämtern Steuerfälle herausfiltert, bei denen eine Einzelfallprüfung wie etwa eine erneute Kontrolle der Belege sinnvoll wäre, und dabei eine Prognoseentscheidung trifft, dann mag das einerseits zu einer effizienteren Finanzverwaltung führen. Es bedeutet andererseits aber auch, dass jene Momente wegfallen, in denen Finanzbeamte menschlich, d. h. nach eigenem Ermessen und ihrer Erfahrung auswählen, welche Steuerfälle eingehender als andere geprüft werden. Man könnte nun annehmen, dies sei doch wünschenswert, um die gesetzliche Anordnung bzw. das Steuerrecht vollständig und gerecht durchzusetzen. Es bedeutet gleichzeitig aber auch eine andere Gewichtung im Verhältnis von formalen und weniger formalen Aspekten eines Steuerverfahrens – und zwar hin zur formalen Seite.

Das Verhältnis von Politik und Recht: Verfassung

Diese Veränderung der Gewichtung betrifft das demokratische Gefüge fundamental, nämlich im Verhältnis und der Austarierung von Politik und Recht, das jede demokratische Verfassung strukturiert und bildet. Demokratisch verfasste Systeme verstehen Recht immer als notwendig politisierbar: Es muss z. B. immer die Möglichkeit bestehen, einmal gesetztes Recht politisch zu diskutieren und zu verändern. Dies korrespondiert mit der Vorstellung, dass Politik verrechtlicht werden muss, etwa indem politische Prozesse nach gesetzlichen Regeln vollzogen und ihre Entscheidungen und Ergebnisse rechtlich gefasst werden und darin wiederum rechtlich überprüfbar sind. Beide Anforderungen ergeben zusammengenommen einen Begriff dessen, was ›Verfassung‹ heißt: Politisierung von Recht bei gleichzeitiger Verrechtlichung von Politik.[10] Verfassung in diesem Sinne muss also als ein Prozess, als ein Verlauf in der Zeit, verstanden werden.

Demokratische Verfassungen gewähren damit nicht nur eine permanente Möglichkeit der Veränderung, sondern auch rechtlich gesicherte Stabilität von politischen Entscheidungen, die die Veränderlichkeit eben dieser Entscheidungen gerade voraussetzt. Politik und Recht sind damit demokratisch aneinandergekoppelt: Politik ohne Verrechtlichung würde einen dauernden Kampf um Interessen und Macht bedeuten, während Recht ohne die Möglichkeit seiner Politisierung zu einem Instrument der Sicherung bloßer Herrschaft würde.

Strukturiert nun die Politik der Algorithmen mit ihrer Logik der Prognose, der Berechnung und des Kalküls den Raum des Politischen, verändert sich auch das so beschriebene Verhältnis von Politik und Recht, das demokratische Verfassungen bildet: Politik und Recht werden voneinander entkoppelt. Weil die politischen Dimensionen der Algorithmen selbst keiner Verrechtlichung unterliegen (möglicherweise die durch sie errechneten Daten, doch wie gesagt: nicht ihre Logiken), weil sie rechtlich kaum zugänglich und im verfassten Gefüge bislang nicht sichtbar und damit auch nicht verortet sind, tritt mit der Politik der Algorithmen ein Moment in das Verhältnis von Politik und Recht ein, das sich selbst der strengen Kopplung entzieht und sie gleichzeitig auflöst. Umgekehrt werden die Algorithmen eigenen regulierenden und normativierenden Wirkungen nicht als rechtsförmige oder rechtsähnliche Normativierungen politisierbar. Anders formuliert: Mit Algorithmen schreibt sich eine Technik in den Raum demokratischer Verfassungen ein, die dort noch keinen Ort hat, aber dennoch genau wie konventionelle Politik und Recht in Verläufen und Verfahren wirkt. Man sollte deshalb von der Algorithmisierung der Welt als einem Prozess der Verfassung sprechen, und zwar in einem doppelten Sinne: Algorithmen werden programmiert, d. h. in einer von Maschinen lesbaren Sprache verfasst, sie schreiben sich also ganz wörtlich in die Welt ein. Sie verändern aber gleichzeitig das Gefüge demokratischer Verfassungen, sie verfassen das Verhältnis von Politik und Recht neu, indem ihre Politik wirksam wird.

Zukunft und Demokratie

Ebenso wie demokratische Politik ist auch die Politik der Algorithmen zeitlich orientiert. Sowohl demokratische als auch algorithmische Verfahren sind dabei nicht nur Prozesse, die notwendig in der Zeit verlaufen oder absolviert werden, sondern sie sind auch zeitlich ausgerichtet. Und hier zeigt sich ein weiterer Reibungspunkt, der die Verfassung der Algorithmen zu einer Herausforderung für demokratische Verfassungen werden lässt: Demokratie weist immer in die Zukunft – diese Eigenschaft geht über die bloße Beobachtung hinaus, dass sämtliche demokratischen Verfahren die Zukunft, also jene Zeit nach der Gegenwart, zu organisieren versuchen. Die Zukunftsorientierung ist konstitutiv für alles Demokratische: Wir können Demokratie überhaupt nicht als eine Konfiguration denken, die ausschließlich über die Gegenwart oder die Vergangenheit bestimmt ist. Die prinzipielle Veränderlichkeit jeder Entscheidung (sei es nun eine Wahl oder eine gesetzgeberische Entscheidung), die Veränderlichkeit jeder Meinungs- und Willensbildung ist nicht nur in der Idee politischer Freiheit verfasst und auch nicht allein Voraussetzung des Demokratischen, sie ist vielmehr das, was Demokratie für die Zukunft vorsieht. Rechtliche Sicherungen des Demokratischen dienen nicht der Verfestigung einmal getroffener Entscheidungen, sondern der Gewährleistung demokratischer Offenheit für die Zukunft. Demokratie ist damit etwas, das sich immer nur in der Zukunft zeigen kann, das sich in der Zukunft erweist, und zwar nicht nur von der absoluten Gegenwart aus gedacht, sondern auch von jeder künftigen Gegenwart aus. Darin liegt das strukturell utopische Moment der Demokratie: Sie »[*bleibt*] stets im Kommen«, wie der französische Philosoph Jacques Derrida (1930–2004) es fasst.[11]

Algorithmen unterliegen in ihrer prognostischen Logik auch einer Orientierung auf die Zukunft: Sie sagen Zukunft voraus und sind deswegen vielfältig und effektiv nutzbar. Allerdings zeigt sich in der Tatsache, dass sie auf statistischen, und nur auf statistischen, Daten gegründet an die soziale Welt herangehen, eine zeitliche Fundierung, die sich in direktem Widerspruch zum utopischen Moment der Demokratie verhält: Weil Daten immer vergangenes Verhalten, historische Verläufe und bestehende Informationen festhalten, knüpfen algorithmische Prognosen allein an die Vergangenheit an, um die Zukunft beschreiben zu können. Die Politik der Algorithmen akzentuiert trotz ihrer Logik der Prognose deshalb nicht den Blick in die Zukunft und zielt auch nicht darauf ab, die Zukunft offenzuhalten, sondern sichert gerade umgekehrt

Bestehendes. Und genau in diesem Sinne ist die Politik der Algorithmen eine undemokratische Politik.

Die Politik der Algorithmen greift also in die Fundamente demokratischer Politik ein, wenn sie den demokratischen Voraussetzungen der politischen Freiheit, der Mündigkeit und des gekoppelten Verhältnisses von Politik und Recht neue Annahmen entgegensetzt und diese gleichzeitig in Politik und Recht einschreibt: die Logik der Prognose und des Kalküls sowie eine andere Orientierung des demokratischen Verhältnisses von Form und Verfahren.

Ausblick

Dieser Eingriff, diese Veränderung erfolgt dabei allerdings nicht in Form einer feindlichen, aggressiven Übernahme: Algorithmen üben keine Herrschaft aus, sie unterwerfen uns nicht ihren Annahmen und Logiken. Sie tragen in ihrem Design, ihrem Einsatz und der Art und Weise, wie wir sie jeweils benutzen, vielmehr dazu bei, die ohnehin prozeduralen Momente demokratischer Verfassungen in eine Richtung zu verändern, die deren Voraussetzungen diametral entgegenläuft. Algorithmen bieten Modelle und Lösungen für Probleme an, die gerade nicht davon abhängen und gerade nicht davon ausgehen, dass wir politische Freiheit gebrauchen oder uns auf Mündigkeit berufen sollten. Der Modus, in dem Algorithmen die soziale Welt mitgestalten, ist insofern ein genuin politischer: Algorithmen bringen voraussetzungsvolle, normative Optionen in den (unabgeschlossenen) Raum aller Möglichkeiten ein, unsere zwischenmenschlichen Beziehungen zu gestalten. Und noch einmal: Damit sind sie grundsätzlich und immer schon politisch.

Die hier eröffnete Perspektive auf diese Politik der Algorithmen soll kein pessimistisches Bild einer fortschrittlichen Technik zeichnen. Es geht hier nicht um eine Dystopie der Machtübernahme durch kalte Maschinen. Die entwickelte neue Perspektive soll vielmehr dazu beitragen, unseren Blick auf Techniken künstlicher Intelligenz zu schärfen. Es handelt sich weder um eine gleich einer äußeren Macht über uns kommende Kraft, der wir uns nicht entziehen können, noch handelt es sich um ein lediglich technisches Angebot, das unsere alltäglichen Handlungen und Entscheidungen vereinfachen kann.

Algorithmen bieten faszinierende Möglichkeiten, Lösungen für alle denkbaren Probleme zu suchen, effiziente Antworten auf komplexe Fragestellungen zu finden oder Entscheidungen schneller zu treffen. Sie können uns Arbeit abnehmen oder dabei helfen, diese Arbeit so zu gestalten, dass sie (in ökonomischer Hinsicht) größere Gewinne oder weniger Verluste erzielt. Algorithmen erlauben uns auch, mit einer großen Anzahl Menschen in einer übersichtlichen Form in Kontakt zu bleiben, sie ermöglichen uns, Wissen zu organisieren und zu erschließen, ohne dafür riesige Papierarchive einrichten müssen. Sie haben die Fähigkeit, Werkzeuge so präzise und geschickt zu steuern, wie es menschliche Hände kaum vermögen.

Doch die Verwendung von Algorithmen bedeutet auch, in dieses Bild einzubeziehen, dass diese Anwendungen etwas mit uns machen, nämlich mit unseren Beziehungen und mit der Art und Weise, wie wir diese Beziehungen gestalten. Nutzen wir sie ubiquitär, schreiben sie ihre entpolitisierenden Momente in diese Zusammenhänge ein. Ihre Logiken werden unausweichlich Teil der sozialen Welt. Dies können wir einfach so geschehen lassen. Wir können aber auch, und dazu soll die hier entwickelte Perspektive einladen, politisch mit diesen Veränderungen umgehen. Wir haben (immer noch) die Möglichkeit, die technischen Optionen zu bewerten; wir können gemeinsam aushandeln, wie wir an welchen Stellen mit ihnen umgehen und welche von ihnen provozierten Möglichkeiten der Art und Weise, Gesellschaft zu gestalten, wir wahrnehmen wollen und welche nicht oder in anderer als der bislang entwickelten Form.

Gegenwärtig beschränken sich politische Strategien wesentlich darauf, immer mehr Digitalisierung in die Gesellschaft und ihre Verwaltung zu bringen (etwa durch die Durchsetzung der Digitalstrategie der Bundesregierung oder des Digitalpakts Schule) und mehr Forschung zu Techniken künstlicher Intelligenz zu fördern (KI-Strategie der Bundesregierung), um etwa vom Silicon Valley nicht völlig abgehängt zu werden. Zwei Bereiche werden dabei zumindest grob im Auge behalten, nämlich Ethik und Datenschutz.

Doch der Einfluss der Algorithmen sollte grundsätzlich und weiter gehend (und in anderer Weise ergebnisoffen) verhandelt werden, als dies die politischen Programmbegriffe ›Digitalisierung‹ oder ›Digitale Souveränität‹ andeuten.

Weder Design noch Einsatz und auch nicht die Nutzung von Algorithmen sind ›von außen‹ gegebene Konstanten, die entweder hinzunehmen oder grundsätzlich abzulehnen wären. Die algorithmische Politik der Entpolitisierung kann einerseits Freiräume schaffen, um politische Freiheit zu gebrauchen: Sie kann uns beispielsweise die Herstellung großer Öffentlichkeiten erleichtern, aber auch – andererseits – den Gebrauch dieser Freiheit erschweren, etwa indem sie uns eine unpolitische kommunikative Praxis angewöhnt. Sie kann politische Ausschlüsse erzeugen und Zugänge unmöglich machen, indem sie etwa mithilfe diskriminierender Vorannahmen Überwachung steuert, kann aber gleichzeitig politische Beteiligung so vereinfachen, dass sie Partizipation an Stellen ermöglicht, an denen sie analog kaum denkbar wäre. Entscheidend ist jeweils, wie Algorithmen ausgestaltet werden, wie wir sie einsetzen und wie wir ihre Ergebnisse nutzen.

Entlang dreier Ebenen – des Designs, des Einsatzes und der Nutzung von Algorithmen – ist eine politisierende Aushandlung vorstellbar. Dabei muss allerdings die spezifische Politik der Algorithmen im hier entwickelten Sinne einbezogen werden.

Wenn es beispielsweise darum geht, das jeweilige Design von Algorithmen zu regulieren, also rechtliche Regeln dafür zu schaffen, wie die algorithmische Steuerung bestimmter Techniken aussehen sollte und wie nicht, dann gilt es nicht allein bestimmte (z. B. diskriminierende) Vorannahmen algorithmisch gesteuerter Techniken, Haftungsrisiken (z. B. hinsichtlich des automatisierten Fahrens) oder Probleme des Datenschutzes (z. B. in Bezug auf die Zweckbindung oder Anonymisierung verwendeter Daten) zu bedenken. Es geht vielmehr (grundlegend und entsprechend drängend) darum, zu verhandeln, was die jeweilige Gestaltung dieser Algorithmen für die Möglichkeiten, Freiheit und Autonomie zu verwirklichen, bedeutet. Forderungen nach erklärbaren Algorithmen etwa, die auf eine Transparenz jener Kriterien abzielen, die algorithmische Entscheidungen leiten, gehen aus der Perspektive einer Politik der Algorithmen leicht ins Leere. Die algorithmisch gewonnenen Klassifikationen, Entscheidungen oder Problemlösungen, einmal in der Welt, können derart wirkmächtig werden, dass es mir oder einer Behörde oder einer Kreditanstalt faktisch nicht mehr möglich ist, trotz der algorithmischen Entscheidungen auch andere Wege ohne Verwendung von Algorithmen zu wählen. Transparenz allein kann dann nur dabei helfen, eine heteronome Entscheidung nachzuvollziehen. Erst dann, wenn wir uns entscheiden, ob wir den Logiken der Prognose und des Kalküls in einem bestimmten Feld, etwa der Kreditvergabe, der Strafzumessung oder der Organisation von Wissen, folgen wollen oder eben nicht, kann das politische Programm der Algorithmen mit in die Ausgestaltung der Regulierung aufgenommen werden.

Entsprechend muss der jeweilige Einsatz von Algorithmen politisiert werden. Im Bereich der öffentlichen Verwaltung etwa wird der Einsatz künstlicher Intelligenz als Effizienzgewinn angepriesen, als sei eine Politisierung hier in vielen Fällen überflüssig, weil sowohl Algorithmen als auch Verwaltung regelbasiert arbeiteten, so die Annahme. Dabei wird allerdings übersehen, dass sich hier Gesetzmäßigkeiten und Gesetze gegenüberstehen, also sehr verschiedene Logiken sozialer Ordnung. Mit diesem Unterschied vor Augen reicht das übliche Argument der Effizienz nicht aus, um derartig grundsätzliche Verschiebungen im Verhältnis von Politik und Recht zu legitimieren. Es gilt hier vielmehr, die politische Dimension des Einsatzes von Algorithmen in der öffentlichen Verwaltung erst grundsätzlich und im Detail und immer wieder neu zu diskutieren, die Politik der Algorithmen ihrer Effizienz gegenüberzustellen, um dann im Einzelfall politisch zu entscheiden, ob der Einsatz gut oder schlecht ist. Kurz: Es geht darum, den Einsatz von Algorithmen grundsätzlich zu politisieren.

Die Politik der Algorithmen schreibt sich nur dann in die soziale Welt wirksam ein, wenn wir sie ubiquitär nutzen. Denn dann ist die Nutzung von Algorithmen auch ein politischer Vorgang. Indem wir uns darüber bewusst werden, verstehen wir die Nutzung von Algorithmen nicht als folgenlose konsumatorische Praxis und nehmen sie nicht bloß hin, sondern eröffnen uns selbst die Möglichkeit, jenseits von konkreten Leistungen, Erleichterungen und Verbesserungen des Alltags zu entscheiden, wie und wo wir algorithmische Techniken einsetzen wollen.

Nur wenn wir Algorithmen als politisch begreifen, können wir selbstbestimmt und demokratisch mit ihnen umgehen. Wenn wir die Politik der Algorithmen geschehen lassen, ohne sie gemeinsam zu verhandeln, unterwerfen wir uns ihr.

Anmerkungen

1 Vgl. Armin Nassehi, *Muster. Theorie der digitalen Gesellschaft*, München 2019, S. 108 ff.

2 Vgl. Aristoteles, *Politeia* 1253a1 11.

3 Jacob Snow, »Amazon's Face Recognition Falsely Matched 28 Members of Congress With Mugshots«, 26. Juli 2018: https://www.aclu.org/blog/privacy-technology/surveillance-technologies/amazons-face-recognition-falsely-matched-28 [Abruf am 15. 7. 2020].

4 Joy Buolamwini, »How I'm Fighting Bias in Algorithms«, November 2016: https://www.ted.com/talks/joy_buolamwini_how_i_m_fighting_bias_in_algorithms [Abruf am 15. 7. 2020].

5 Hannah Arendt, »Freiheit und Politik«, in: H. A., *Mensch und Politik*, Stuttgart 2017, S. 48–88, hier S. 86.

6 Ebd., S. 86 f.

7 David Hume, *A Treatise of Human Nature* III,1,1,27 (zit. nach: D. H., *Ein Traktat über die menschliche Vernunft*, Bd. 2, Buch III: *Über die Moral*, Übers., Anm. und Register von Theodor Lipps, Hamburg 1978, S. 211).

8 Vgl. Wilhelm von Humboldt, *Grundzüge des allgemeinen Sprachtypus* [1824–1826], § 39, in: W. v. H., Gesammelte Schriften, Bd. 5, unveränd. photomechan. Nachdr. der 1. Aufl. Berlin, 1906, Berlin 1968, S. 364–475, hier S. 387.

9 Eine umfassende Untersuchung solcher und ähnlicher digitaler Politik und ihrer Methoden bietet Philipp N. Howard / Samuel C. Woolley (Hrsg.), *Computational Propaganda. Political Parties, Politicians, and Political Manipulation on Social Media*, Oxford 2018.

10 Vgl. etwa Möllers im Anschluss an Luhmann: »Der Verfassungsbegriff bezeichnet die gleichzeitige Verrechtlichung von Politik und die Politisierung von Recht.« Christoph Möllers, »Verfassunggebende Gewalt – Verfassung – Konstitutionalisierung«, in: Armin Bogdandy / Jürgen Bast (Hrsg.), *Europäisches Verfassungsrecht*, Berlin/Heidelberg [2]2009, S. 227–277, hier S. 250. Vgl. jedoch auch Niklas Luhmann, »Verfassung als evolutionäre

Errungenschaft«, in: *Rechtshistorisches Journal* 9 (1990) Nr. 1, S. 176–220, insb. S. 201 ff.

11 Vgl. dazu Jacques Derrida, *Schurken. Zwei Essays über die Vernunft*, übers. von Horst Brühmann, Frankfurt a. M. 2006, S. 117.

Zur Autorin

SABINE MÜLLER-MALL, geb. 1979, studierte Rechts- und Politikwissenschaft in Freiburg, Aix-en-Provence und Leipzig. Seit 2014 hat sie die Professur für Rechts- und Verfassungstheorie mit interdisziplinären Bezügen an der Philosophischen Fakultät der Technischen Universität Dresden inne. Ihre Forschungsschwerpunkte liegen im Bereich der Rechtsphilosophie, der Verfassungstheorie und des Verfassungsrechts.

Wichtige Aufsätze: »Entfaltungen des Rechts im Gefühl«, in: Sigrid Köhler / Sabine Müller-Mall / Florian Schmidt / Sandra Schnädelbach (Hrsg.), *Recht fühlen*, Paderborn 2017; »Juridische Szenen: Vor dem Gesetz / Im Gericht / In Camera«, in: Laura Münkler / Julia Stenzel (Hrsg.): *Inszenierung von Recht,* Weilerswist 2019.

Wichtige Monografien: *Performative Rechtserzeugung. Eine theoretische Annäherung*, Weilerswist 2012; *Legal Spacers. Towards a Topological Thinking of Law*, Berlin [u. a.] 2013.